Carl Scholl

Raymond von Beziers

ein Trauerspiel der Albigenserzeit, in fünf Aufzügen

Carl Scholl

Raymond von Beziers
ein Trauerspiel der Albigenserzeit, in fünf Aufzügen

ISBN/EAN: 9783744671262

Hergestellt in Europa, USA, Kanada, Australien, Japan

Cover: Foto ©ninafisch / pixelio.de

Weitere Bücher finden Sie auf www.hansebooks.com

Raymund von Beziers.

Ein Trauerspiel der Albigenser-Zeit

in

fünf Aufzügen.

Von

Carl Scholl.

München.
Carl Merhoff's Verlag.
1879.

Raymund von Beziers.

Raymund von Beziers.

Ein Trauerspiel der Albigenser-Zeit

in

fünf Aufzügen.

Von

Carl Scholl.

München.
Carl Merhoff's Verlag.
1879.

Alle Rechte vorbehalten.

Druck von Ernst Stahl in München.

Personen.

Simon von Montfort, Graf von Leicestre, Heerführer des Kreuzzuges gegen die Albigenser.
Arnold von Citeaux, päpstlicher Legat.
Herzog von Burgund,
Graf von Foix, } im Heere Montforts.
Raymund Roger, Graf von Beziers und Carcasonne.
Agnes von Montpellier, dessen Gemahlin.
Trencavel, Beider Knabe.
Cabaret,
Saissac, } Vasallen Raymunds.
Samuel, Verwalter der Güter Raymunds.
Dessen Frau.
Sarah, beider Nichte.
Peyrol, ein Albigenser.
Ein Troubadour.
Der Bürger-Consul von Carcasonne.
Ein Gesandter der Stadt Narbonne.
Der Dechant.
Eine Frau.
Ein Knecht.
Eine Magd.
Alter Mann.
Erster Bürger.
Zweiter Bürger.
Ein Hauptmann.
Zweiter Hauptmann.
Wache.
Der Kerkermeister.

Ritter. Vasallen. Hofdamen. Geistliche. Mönche. Bürger. Bürgerfrauen. Gesandte von Städten. Söldner. Herolde. Wachen.

Ort der Handlung: Erster Aufzug vor der Stadt Beziers, die übrigen in und vor Carcasonne.

Zeit: 1209.

Erster Aufzug.

Vor Beziers.

Nach den letzten Klängen einer vom Orchester gespielten Schlacht-Ouverture hebt sich der Vorhang, und man sieht die Begräbnißstätte der Juden; rechts eine Felsenpartie, über welche ein schmaler Pfad nach der Höhe führt. Links eine Anzahl meist umgestürzter Grabsteine; im Hintergrunde die Stadt.

Erster Auftritt.

Es ist tiefe Dämmerung. Eine Anzahl Bewaffneter stürmt mit wildem Geschrei über die Bühne. Unmittelbar nach ihnen tritt Arnold auf, der Legat, ein großes vergoldetes Crucifix schwingend, gefolgt von Dominikanermönchen, alle bewaffnet und mit der Fahne der Jungfrau; zuletzt Ritter und Söldner. Aus der Tiefe der Bühne eilt den Vorstürmenden Burgund entgegen. Das Kriegsgetümmel zieht sich mehr in die Ferne.

Burgund. Der Legat.

Burgund
(sein entblößtes Schwert hoch vor sich hinhaltend).

Bei allen Heil'gen! Stehet! Haltet ein!

Der Legat.

Wer ist so tollkühn, mit gezücktem Schwert
Der Rache Gottes in den Weg zu treten?

Burgund.

Mich schickt Graf Montfort. Er läßt melden Euch,
An siebentausend Albigenser haben
In die Madlenenkirche sich geflüchtet
Mit Weib und Kind, — und in dem Thale dort,
Gerade vor Euch, haben sich die Letzten,
Die noch in offnem Felde kämpfen, so
Verzweifelt auf die Uns'rigen geworfen,

Daß nur ein einz'ger großer Menschenknäuel,
Und Freund nicht mehr vom Feind zu unterscheiden.
Graf Montfort und die Fürsten alle meinen,
Des Menschenblutes sei genug geflossen,
D'rum möget selber Ihr entscheiden, was
In diesem letzten Augenblick zu thun!

Der Legat.

Sag' ihm, ein halber Sieg ist keiner! Feuer
Soll in die Kirch' er werfen, daß sie Alle
Ersticken oder braten, als ein Opfer
Aufdampfend bis zum Himmel, — und dort, wo
Vor Dunkelheit der Feind nicht mehr zu kennen,
Da sei das Losungswort: Schlagt Alle todt!
Der Herr wird schon die Seinen unterscheiden!

(Der Legat stürmt mit seinem Gefolge über die Bühne; Burgund kehrt in der
Richtung zurück, woher er gekommen. Hinter Wolken erscheint der Mond.)

Zweiter Auftritt.

(Sarah, die, ohne von den Vorübergehenden bemerkt zu werden, hinter einem der
umgestürzten Grabsteine gelegen, ihren Arm über denselben hingestreckt, fängt an, sich
zu erheben.)

Sarah.

Wo bin ich? — Welch' ein fürchterlicher Traum!
Stand er nicht da, ganz nahe da vor mir,
Der Racheengel mit dem Flammenschwert,
Von Blut die Hände triefend? — „Schlagt sie todt!
Schlagt Alle todt!" — War's nicht so? — Aber nein,
Der Stein, den ich mit diesem Arm umfasse,
Er schreit mir zu: Kein Traum! — Das sind die Gräber
Der Meinen! — Das ist meiner Mutter Grab! (Sie steht auf.)
O, diese Christen! Nicht genug, daß sie,
Von Glaubenswahn erfüllt, sich selbst zerfleischen, —
Mein armes Volk, was duldest du von ihnen!
Das Haus, in dem wir sicher uns gewähnt,
Wo wir, verstoßen und zu Tod gehaßt,

Ersatz in der Familie fanden, über'm Haupt
Haben sie's angezündet, uns verjagt
Von Stadt zu Stadt, von Land zu Land! — Die Gräber
Selbst haben sie entweiht, in wilder Wuth
Sie aufgewühlt und aufgerissen, daß
Noch an den Todten ihren Haß sie kühlen!
O, meine Mutter! — Wen'ge Monde sind's,
Daß ich dich hier zur ew'gen Ruh' gebettet, —
Daß du allein mich ließest! Tag für Tag
Bin ich hieher geflüchtet, für den Schmerz,
Der mir das Herz zerreißt, auf deinem Grabe
Mir Trost zu suchen! — Die Unmenschlichen!
Da liegt der Stein, darauf dein Name steht,
Herausgezerret, mit Gewalt zerbrochen! —
Was mir das Liebste, Theuerste gewesen,
Mein Heiligthum, sie haben's auch verwüstet
Mit kalter Hand, und ruhlos, heimathlos
Treibt mich's jetzt fort in ungewisse Ferne.

(Sie macht eine Bewegung, als wolle sie fortgehen.)

Dritter Auftritt.

(Im nämlichen Augenblicke kommt Peyrol hinter dem Felsen hervor, scheu sich umblickend, in höchster Eile. Der Mond tritt ganz aus den Wolken.)

Sarah. Peyrol.

Sarah
(zurückschreckend).

Weh mir, wer kommt!

Peyrol.

Ein jüdisch Weib! — Sag' mir,
Führt dieser Weg hinauf in das Gebirge?
(Sarah schweigt.)
Ich bitte, — ich beschwör' dich. — Die Verfolger
Sind hinter mir! — O, habe Mitleid!

Sarah
(bitter).

Mit einem Christen!

Peyrol
(indem er sie bei der Hand faßt und seinen Dolch zieht).

Mitleid — Einem Menschen! — Weib!
Ich tödte dich! —

Sarah.

Nur zu! — das Leben hat
Für mich jetzt keinen Werth mehr. Stoß'! — Vollbring'
Das Heldenstück! — Was zögerst du?

Peyrol
(vom Blick ihres Auges getroffen, läßt ihre Hand).

O, Gott!

Sarah.

Ein Jude wen'ger oder mehr, — was liegt d'ran!
Gib mir den Tod! — Die Religion der Liebe
Verlangt es ja und sichert dir dafür
Den Lohn im Himmel!

Peyrol.

Religion der Liebe!
O, die Nichtswürdigen! — Daß es dahin
Gekommen! Daß dies Weib mit gift'gem Hohn
Und stolzer Stirne solche Schmähung spricht,
Und daß sie wahr spricht, nur zu wahr, — sie tragen
Allein die Schuld! So lang d'rum noch ein Tropfen
Gesunden Blut's in meinen Adern rollt,
Hier, wo ich der Verfolger Schritt schon höre,
Hier sei's noch einmal unter'm großen Himmel
Geschworen: Lieb' und Friede allen Menschen,
Doch Haß und Feindschaft, Rache, ew'ger Kampf
Den Frevlern, die das Heiligste geschändet,
Den frommen Frevlern, die aus Hab= und Herrschgier
Die Religion zur blut'gen Geisel machten,
Und aus des Himmels Dienern — Henker!

Sarah.

So bist du nicht mein Feind? O, dann vergieb! Wie!

Peyrol.

Mir ist das gleiche Brandmal aufgedrückt,
Wir Beide sind — geächtet, sind — verflucht,
Als Jüdin du, als Ketzer ich! — Dort unten
War meine Heimath, — sie ist nicht mehr! — Weil
Wir es gewaget, einen andern Weg,
Als den die Kirche weist, zu gehen, hat
Man uns verfolgt, und hat verschworen sich,
Nicht einen Stein zu lassen auf dem andern.
Buchstäblich ist's erfüllt und, wie du siehst,
Was Hände nicht vermochten, — Feuerflammen
Bringen's zu Ende.

(Man sieht einen starken Feuerschein über der Stadt.)

Sarah
(mit vorgebeugtem Körper, horchend).

Hör' ich recht, — es klingt
Wie Todesruf Verzweifelnder, — und mitten durch
Wie Orgelklang —

Peyrol
(einen Schritt nach der Tiefe der Bühne zurückmachend).

Das sind die Frau'n und Priester,
Die einen mit dem Säugling an der Brust,
Geweiht dem Flammentod, die andern Gott
Mit Lobgesang das Menschenopfer bringend!

Sarah.

Jetzt wird es stiller! — Noch ein Aufschrei, — noch
Ein zweiter, — letzter!

(Sie bedeckt mit beiden Händen ihr Gesicht.)

Peyrol.

Die Unmenschlichen!

(Große Pause, während deren man deutlich von der Stadt herauf das Te Deum hört.)

Sarah.

Und so ist Alles aus, Alles verloren?
So wälzt sich die Zerstörung fort und fort,
Versengend mit des blinden Glaubens Fackel
Was ihr begegnet, — aus mit Allem, was
Das Leben werth, was uns zu Menschen macht?

Peyrol
(sich fassend).

Uns bleibt nur eine Hoffnung, — eine nur,
Es ist die letzte! — Raymund von Beziers,
Mein Jugendfreund, der immer uns ein Schutz,
Ein Hort der Freiheit war, — der Noth gehorchend
Und nur mit Widerstreben hat er sich
Dem Kreuzheer angeschlossen. Wenn er sieht,
Wie diese Römer wüthen, wie durch Mord
Und Brand sie sein und alles Land in Trümmer
Verwandeln, in der letzten Stunde wird er —
— Das ist mein Hoffen! — diesen Bund zerreißen,
Lossagen sich von diesen Mördern und
Dahin sich stellen, wo sein Herz ihn zieht, —
An uns're Spitze. — Wenige Meilen nur
Entfernt von hier liegt Carcasonne, hoch
Auf Felsen, von des Fürsten Burgen allen
Die festeste. In diese flüchten sich
Die Unsern, sammelnd ihre letzte Kraft,
Und dorthin will auch ich. Nun weißt du Alles.
Willst noch du zögern, mir den Weg zu weisen?

Sarah
(mit erzwungener Kälte).

Du bist ganz recht. — Hier über diese Felsen
Geht's in's Gebirge.

Peyrol
(mit Innigkeit).

Reich' mir deine Hand!
Du hast verkannt mich, hast mir weh' gethan!
Sag' mir ein Wort, daß keinen Groll du hegst,

Nicht gegen mich, — ein einzig Wort, — es soll
Als lichter Stern auf meinem finstern Weg
Voran mir leuchten!

Sarah
(ihm fragend in's Auge blickend).

Meine Hand? Du bist
Ein edler Mann, — geweiht vom Unglück, — nimm sie.

Peyrol
(mit steigender Wärme).

Wie dank' ich dir! Wie thut der Händedruck
Mir wohl! — Doch sprich, — du selbst — so ganz allein!
Du darfst nicht bleiben hier! — Wenn sie dich träfen,
Die Söldnerschaaren, die von Blut berauschten!
O, faß' Vertrauen! — Kenn ich dich auch nicht, —
Wenn ich beim milden Licht des Mondes dir
In's Auge schau', ist mir, ich kenn dich doch; —
Ich hab' geseh'n dich, hab' dich oft geseh'n,
Im Traum, im Wachen! — Unser beider Weg
Es ist derselbe, — durch die dunkle Nacht,
Dem Licht entgegen! Darum komme, komm'!
(Man hört dumpfen Lärm.)
Entschließ' dich! Oder sag' wohin ich dich
Soll führen?
(Sarah kämpft mit sich. Der Lärm kommt näher.)
Rede! Weißt du eine Zuflucht?
Das Haus der Eltern? —

Sarah
(in Thränen ausbrechend).

Eltern! — Meinen Vater
Habe ich nie gesehen, — meine Mutter —
Da unten liegt sie! — Mir lebt Niemand mehr,
Als meiner Mutter Bruder —

Peyrol
(einfallend).

Und wo? wo?

Sarah
(zögernd).

Er ist Verwalter von den reichen Gütern
Desselben Grafen, — Raymund's von Beziers.

Peyrol.

Dem Himmel Dank! So komm'! Besinn' dich nicht!
Wir gehn zusammen! Bei den Flammen dort,
Die uns entgegenleuchten, schwör' ich dir,
Als Bruder will ich dich, die Schwester, führen;
Wie eine Blume, die im Waldesdunkel
Gefunden ich, — ein schlafend Kind, — mich fürchtend,
Daß ich es wecke, so will ich dich bringen
Hin zu den Deinen; vielleicht findest du
Auch deinen Vater dort. Hab' keine Furcht!
O hab' Vertrauen!

Sarah.

Sei's denn! Ja, ich trau' dir!
So leb' denn wohl, die mir einst Heimath war,
Wo mir in schwerer Zeit der Kindheit Traum
Dahingeschwunden! — Lebe wohl, du mein
Zerstörtes Heiligthum, Grab meiner Mutter! —
Und nun — mit Gott!

(Sie steigen Beide den Felsenpfad hinauf und verschwinden.)

Vierter Auftritt.

(Vom Hintergrund her, wo man einzelne Feuersäulen aufsteigen sieht, erscheinen
Raymund und Cabaret.)

Raymund. Cabaret.

Raymund
(im Hervorkommen).

Wohin bin ich gerathen!
Ist's möglich denn? Täuscht mich mein Ohr, mein Auge?
Seit Monden wüthet dieses Morden schon,
Doch heute, — jetzt, — in diesem Augenblick —

(mit einem Blick auf die brennende Stadt)

Geschieht das Gräßlichste! —
      Mein Beziers! —
Stadt meiner Väter! — Meines Land's Juwel!
Verbrannt zu Asche! — Und ich selber konnte
Es nicht verhindern, — ja, mich selber trifft
Die Mitschuld!
    (Nach einer Pause entschlossen in den Vordergrund tretend.)
    So sei zerrissen denn,
Was mich an Die gefesselt! — Jede Stunde
Im Bund mit Diesen mehrt auf meinem Haupt
Die Blutschuld! Ab sei sie gewälzt, — ganz ab!

     Cabaret.
Was sinnst du?

     Raymund
    (seine Hand ergreifend).

    Freund! Wie neues Leben strömt's
Durch meine Adern! Komm'! Mein Genius,
Mein beßrer Geist erwacht! Es ist beschlossen:
Ich rufe meine Krieger aus dem Kampf, —
Die Wege kenn ich, — bis zum Morgen sind wir
Auf Carcasonne! Dort erwarte ich
Was mir das Schicksal bringt! Du gehst doch mit?

     Cabaret
    (freudig).
Dein Weg ist meiner! Eines nur bedenke,
Dein Weib —

     Raymund.
    Weg mit Bedenken! Wohl, ich weiß
Sie wird mir zürnen, denn vom Vater her
Hängt sie an Rom, — doch bau' auf Eines ich,
Auf ihre Liebe! — Fahre hin denn, Rom!
Ich sage los mich, los von deiner Schuld,
Und deinen Flüchen trotz ich!
    (Beide schnell ab.)

Fünfter Auftritt.

(Die Bühne füllt sich mit Rittern und Reisigen, von denen einige Fackeln tragen. Man hört Trompetenstöße und Siegesfanfaren. Montfort tritt auf, gefolgt von Burgund. Die Scene ist durch die Fackeln und den fernen Feuerschein fast tageshell erleuchtet.)

Montfort, Burgund, dann Foix.

Montfort
(mit entblößtem Schwert, finster vor sich hinblickend).

Der Sieg ist unser! — Wie er uns geworden, —
Ich hebe rein die Hand zum Himmel auf! —
Die Ketzer sind nicht mehr! — Zerschmettert liegt
Des Drachen Leib, sein Blut die Erde röthet.
Doch solchen Bestien wachsen über Nacht
Oft neue Köpfe, neue Flügel. — Peyrol,
Ein Haupt der Ketzer, ist entkommen! — Und
(Mit dem Fuße stampfend.)
Jetzt — Raymund? — Nein! Es ist nicht möglich! — Er
In dieser Stunde! — Wo nur Foix bleibt?
Ich hab' ihn nachgeschickt, daß er zurück
Ihn halt'! — Ob's ihm gelingt? — Minuten werden
Zur Ewigkeit! — Doch sieh, — dem Himmel Dank!
Da ist er!
(Zu Foix. der eilends herbeikommt.)
Nun? Ihr sprachet ihn? — Zum Teufel!
So redet doch! Er bleibt?

Foix
(athemlos).

Er geht!

Montfort
(mit dem Ausdruck höchster Enttäuschung).

Er geht?

Foix.

Mein edler Vetter, Raymund von Beziers,
Er läßt Euch sagen, sein Entschluß steht fest,
Unwiderruflich. Seit er sah, daß Ihr
Euch als Soldat mit dem Legaten in's

Commando theilt, und es geschehen ließet,
Das ganz Entsetzliche, geschehen, daß
Auf den Befehl des Priesters Weib und Kinder,
Mitsammt der Kirche, drein geflüchtet sie,
Verbrannt zu Asche wurden, daß in Flammen
Aufgieng die ganze Stadt, — da war es aus
Mit seiner röm'schen Treu, — sein menschlich Herz
War stärker.

Burgund
(bei Seite).

Mir auch kocht das Blut!

Montfort
(für sich).
So kommt's,
Wenn ich es dulde, daß der Priester mir
Pfuscht in mein Handwerk! Meine Sendung aber
Verlangt, mich drein zu fügen. — Mögen sie's
Verantworten! Ich bin das Werkzeug nur
In ihren Händen, und mein letztes Ziel
Ist, dieses Amts, das mir geworden, so
Zu walten, daß aus diesen Strömen Blutes
Der Kirche nicht nur, daß auch meinem Haus
Segen entsprieße! — Raymunds Land ist groß
Und reich. Nach dem Gesetz hat er's verwirkt
Durch seinen Abfall, und sein Fürstenhut
Ist des Besitzers ledig.
(Laut zu Foix:)
Welchen Weg
Hat Raymund eingeschlagen?

Foix.
In's Gebirge,
Nach Carcasonne, seiner festen Stadt.

Montfort.
Wohlan! Ich zähl' auf Euch, auf Euern Eid,
Den Ihr geschworen! Der Entflohene
Ist ein Verräther —
(Es entsteht ein Gemurmel unter den Fürsten.)

— ein Rebell, an mir,
An Euch und an der Kirche! Das verlangt
Blutige Sühne. Steht er doch schon längst
In dem Verdacht, daß mit den Feinden er's,
Den Ketzern, hält, daß insgeheim er sie
Auf seinen Schlössern hegt und schützt. Drum hört,
Was ich beschlossen! Von den besten Reitern
Ein Fähnlein setzt ihm auf dem Fuße nach,
Ihn aufzuhalten.
(Auf seinen Wink entfernt sich einer aus seinem Gefolge.)
Ihr, gebt Euch zur Ruhe;
Wir brauchen sie nach dieser Tage Qual.
Doch bei dem ersten Graun des Morgens sattelt
Die Pferde! Unsere neue Losung heißt:
Raymund von Beziers!

Burgund
(vortretend).
Erlauchter Feldherr!

Montfort.
Kein Wort!

Burgund.
Des Raymund Stadt und Burg sie liegt
So hoch auf Felsen —

Foix
(einfallend).
Carl der Große selbst
Hat sieben Jahr' vergebens sie belagert.

Montfort.
Und wenn sie reichte in den siebten Himmel,
Und höher noch, — was ich —

Foix
(dringender).
So wolltet Ihr,
Was wir mit vielem Blute heut' errungen,
Auf's Spiel denn setzen? Wollt uns Fürsten, die

Zum Sieg Euch halfen, unser Recht versagen,
Im Rathe mitzustimmen, — wollt zu Puppen,
Zu Nullen uns erniedrigen?

Montfort
(einen Schritt auf ihn zu machend).

Der Ton
Beweist mir, daß es Zeit, gerade jetzt
Den ganzen Ernst zu zeigen. Mit Raymund
Will ich beginnen, daß ein Jeder seh',
Wohin es führt, wenn dieser Geist des Trotzes
Nicht wird gebrochen. — Raymund von Beziers
Werd' ein Exempel, dran Ihr Fürsten alle
Mit Schrecken sehn sollt, welche Strafe wird
Verräthern und Rebellen!

Burgund
(wirft sich vor ihm nieder).

Auf den Knieen
Laßt Euch beschwören! Hört den Rath des Alters
O, seid nicht unerbittlich!

(Die Andern stimmen ihm zu.)

Montfort.

Was beschlossen,
Ihr ändert nichts daran! Des Schicksals Wege
Sind unerbittlich, — und ich spür' etwas
In mir vom Schicksal! Darum auf, wer nicht
Von seinem Tritte will zermalmt sein! Folgt mir
Nach Carcasonne.

(Indem er mit rascher Wendung nach dem Hintergrund eilt, fällt der Vorhang.)

Zweiter Aufzug.

In Carcasonne.

(Schloßterrasse mit Gallerie im Hintergrund, in deren Mitte eine Treppe abwärts führt; rechts ein hohes Thor, durch welches man in das Innere der Burg gelangt, und weiter nach hinten auf jäh abfallendem Felsvorsprung in perspektivischer Verkürzung Theile der Burg mit hohen Thürmen. Die Terrasse ist mit blühenden Oleander-, Granaten- und Orangenbäumen geschmückt. Es ist früher Morgen. Beim Aufzug des Vorhangs hört man wiederholten Heroldsruf, und lautes Gedränge hinter der Scene. An der Treppe erscheinen herauftommende Ritter und Söldner, die zu beiden Seiten der Terrasse sich aufhalten. Nach ihnen eilt Raymund herauf, gefolgt von Vasallen und dem Bürger-Consul der Stadt mit den Stadträthen. Ihm entgegen eilt, aus dem Schlosse kommend, die Gräfin, ihren Knaben an der Hand, gefolgt von ihren Frauen, Saissac und Cabaret. Raymund und die Gräfin fallen sich in die Arme. Stille Gruppe.)

Raymund. Gräfin mit dem Knaben. Der Bürger-Consul und die Stadträthe. Saissac. Cabaret.

Raymund.

Mein theures Weib!

Gräfin
(schmerzlich vorwurfsvoll).

So sehen wir uns wieder!

Raymund.

Ich habe dich, und nun wird Alles gut!
(Er nimmt den Knaben auf den Arm und küßt ihn.)
Auch dich, mein Trencavel, mein süßer Knabe!
(Beide in seinen Armen.)
So hab' ich Alles wieder, was mir lieb!
Und tausche nicht mit Gott im Himmel droben!

Gräfin
(indem sie sich sanft von Raymund losmacht und einen Schritt vortritt).

O, ich Unselige!
(Sie bedeckt ihr Gesicht mit beiden Händen.)

Raymund.
Faß' dich, mein Weib!

Gräfin.
Was thatest du! Wie ist es möglich!

Raymund.
                Wenn
Du Alles weißt, wirst Alles du verstehen.

Gräfin.
Das Heer hast du verlassen, — Deinen Eid
Hast du gebrochen! — Als den Sieger hofft' ich
Dich zu begrüßen, — o, die Zunge sträubt sich! —
Als ein Verräther kehrst du heim!

Raymund
(der mit dem Knaben gespielt und ihn geliebkost).
                    So scheint es,
Doch hör', wie's kam, Ihr Alle hört es! Als
Im Frühling dieses Jahrs im Rhonethal
Das Heer sich sammelte auf Roms Befehl,
Als Frankreichs Fürsten, Ritter und Barone
Dem Ruf des Kreuzes folgten, wollt' auch ich
Zurück nicht bleiben. Meine Sorge war
Mein Land, mein Thron. Ihr wisset, schon mein Vater
War nicht der Priester Freund, und mich, mich hassen
Sie, weil entgegen ihrem starren Sinn
Nach Eurem Glauben ich hab' nie gefragt,
Die Freiheit lassend Jedem, die uns Gott
Gegeben hat. Drum nicht aus Ketzerhaß, —
Aus Angst, daß sie mein Recht, mein Land mir nehmen,
Wie sie es Allen thaten, die wie ich
Gesinnet, schloß ich mich den Römern an.
Ihr habt's verdacht mir, habt mich angeklagt,
Und jetzt erkenn' ich, daß Ihr recht gethan.
Das Kreuz auf meiner Brust es half mir nicht
Das Schicksal, das bestimmt mir war, zu wenden.

Scholl, Raymund von Beziers.   2

Man sah von Anfang mich mit Mißtrau'n an,
Man machte Pläne hinter meinem Rücken,
Was ich auch that, — mein Untergang er war
Beschlossen. Gestern ging in Flammen auf
Mein Beziers, und darum ist's bei mir auch
Beschlossen jetzt: nicht länger will ich scheinen,
Was ich nicht bin. Mein Platz ist nicht bei Rom,
Mein Platz ist hier bei meinen treuen Bürgern!
Gebt mir die Hand!

Consul
(einschlagend).

Die sollt Ihr haben, Herr!
Nehmt sie im Namen Aller! Dieser Druck
Besiegle neu den Schwur der Treue, die
Wir Euch gelobt!

Raymund.

Das hör' ich gern. Ihr seid
In dieser höchsten Noth der letzte Grund,
Auf den ich bau'! Ein Schwerenttäuschter kehr' ich
Zurück in Eure Mitte. Bisher hab' ich
Gespielt, getändelt nur, jetzt mach' ich Ernst.
Und so vernehmt, und sagt es Allen: hier,
Auf meiner Ahnen Schloß, erwarte ich
Das Kreuzheer; den gerechten heil'gen Kampf
Mit röm'scher Herrschsucht und mit röm'scher List
Hier will ich kämpfen ihn!

Gräfin.

Raymund! Geliebter!
So ist es wahr? So machst der Ketzer Sache
Du offen zu der deinen? Rufst mit Trotz
Der ganzen Kirche Rache gegen Dich?

Raymund.

Ich thue meine Pflicht nur. Für mein Recht,
Mein Fürstenrecht und für mein schönes Land

Greif' ich zum Schwert. Mein Land ist's ja allein,
Nach dem die Kirche trachtet, alles And're
Ist eitel Vorwand. — Ketzerei? — Zum Lachen!
Wer treibt sie toller denn, wer frecher als
Rom selbst! Geschrieben steht: Mein Reich ist nicht
Von dieser Welt! Und wer, ich frage, wer
Verschlingt denn Jahr für Jahr ein Land um's and're?
Drum ist es hohe Zeit —

Gräfin.

      O, laß dich bitten!
O, tritt zurück! O, kehr' zur Fahne wieder,
Bei der allein der Sieg, allein die Ehre!
Ich selber will auf meinen Knie'n für dich, —
Und wär's in Rom selbst, um Vergebung flehen!

Raymund.

In Rom Vergebung? — O, mein gutes Weib,
Wenn du es kenntest, sprächst du nicht so. — Fordre
Was du nur willst, — ein jeder deiner Wünsche,
Noch eh' du aussprichst ihn, er sei erfüllt!
Nenn', was du willst, mich, vorschnell, wankelmüthig,
Nenn' hart mich, unbeugsam, — nur Eines forb're,
Nur Eines nicht, daß ich zum Schurken, zum
Verräther werde an mir selber!

Gräfin.

      So
Ist Alles denn umsonst! Umsonst mein Flehen!
So bin ich gar nichts dir?

Raymund.

      Du bist mein Weib!
Doch es gibt Dinge, wo des Weibes Rath
Zurückstehn muß, wo's nur dem Manne ziemt,

Zu handeln. Darum laß den Widerspruch!
Ergib dich und vertraue!

Gräfin.

Mich ergeben!
Wenn ich an mich nur dächte, ja; mir aber
Liegt's auf der Seele, was dir selber du
Durch dein Beginnen zuziehst! Ob sie mir
Die Hände fesseln, in des Kerkers Nacht
Verstoßen mich, ob mir ein roher Söldner
Die Hellebarde bohrt durch meine Brust, —
Ich frage nichts darnach. — Doch du, — und
(Indem sie den Knaben an sich zieht.)
dieser!
Was hat denn er verschuldet? Raymund! Was
Hat dieses Kind gethan? Der Krieg fragt nicht,
Ob eines Fürsten, eines Bettlers Kind,
Er würgt sie beide. Drum für mich nicht, nein,
Für unser Kind, für ihn, — um seinetwillen, —
O, laß erweichen dich, —
(Sie wirft sich händeringend vor ihm nieder.)
auf meinen Knieen —
Höre dein Weib, die Mutter deines Kindes!

Raymund
(in höchster Ungeduld zu Saissac).

Bringt auf ihr Zimmer sie!

Gräfin
(noch auf den Knieen, von einem plötzlichen Gedanken erfaßt).

Umsonst? Umsonst?
Wohlan!
(Sie erhebt sich rasch und tritt einen Schritt zur Seite; für sich).

Mich hört er nicht, — so soll ein Andrer
Den Sinn des Stolzen brechen! — Den Legaten
Kenn' ich vom Vater her, — ihn laß ich rufen!
(Rasch ab mit dem Knaben und ihren Frauen, gefolgt von Saissac.)

Zweiter Auftritt.

(In diesem Augenblick hört man Lärm von unten herauf, und an der Treppe oben erscheint Peyrol mit Sarah.

Vorige ohne Gräfin und Saissac. Peyrol. Sarah. Später ein Herold.

Raymund
(noch ohne die Heraufkommenden zu sehen).

Was soll das Lärmen!

Peyrol
(noch im Hintergrund, gegen die Nachdrängenden sich wehrend, mit erhobenem Dolch).

Wer ein Haar ihr krümmt,
Der ist des Todes!
(Er ist mit Sarah nach vorne gekommen, die sich kaum aufrecht zu halten vermag.)

Raymund
(ihm entgegen).

Seh' ich recht? Du hier?
Wie soll ich —

Hauptmann
(vortretend).

Dem Befehle, Niemand mehr
Hereinzulassen, widersetzt' er sich —

Raymund
(ihm beide Hände reichend).

Mein Freund, mein theurer Freund!
(Allgemeine Ueberraschung; der Hauptmann tritt zurück.)

Peyrol.

Für mich nicht, nur
Für diese Aermste fleh' ich um Erbarmen!
Die Letzten, die sich aus dem Blut und Brand
Von Beziers gerettet, flohen wir,
Uns auf dem Wege treffend, — Sie, die Jüdin,
Obdach zu suchen hier bei ihrem Ohm, dem
Verwalter deiner Güter, ich um dir

Wenn du nicht Grund, es zu verschmähen hast, —
Mein Schwert zu leihen im gerechten Kampf.

Raymund.

Nehmt ihm das Mädchen ab, bringt sie zur Stelle
Zu ihrem Ohm, dem Samuel!
(Zum Hauptmann.)
Der ist
Mein Gast, für diesen stehe ich.

Peyrol.
(zu Sarah, welche fortbegleitet wird).
Du bist
Gerettet!

Sarah.
O, wie dank' ich dir!
(Indem sie von Zweien aus Raymund's Gefolge fortgeführt wird, schaut ihr
Peyrol ängstlich nach und ihre Blicke begegnen sich.)

Raymund
(Peyrol an der Hand, zu den Umstehenden).
So wißt,
Milchbrüder sind wir, an derselben Brust
Trank ich, des Fürsten, er, des Webers Sohn,
Und zu desselben Lehrers Füßen saßen
Wir in Bologna. Seitdem sahen wir
Uns nicht mehr wieder. Doch gehört von ihm,
Und viel gehört hab' ich, habt Ihr; er zählt ja
Zu meines Gleichen jetzt, — die Römer nennen
Ihn einen Fürsten, Fürst der Ketzer, — Peyrol,
Er ist es selbst!

Peyrol.
Und du bist noch der alte,
Du scherzest leichten Sinns, wo sich's um Tod
Und Leben handelt.

Raymund.
Laß' mir diesen Sinn,
Er hat die heitern Stunden doppelt mich

Genießen laſſen, er hält aufrecht mich
Auch in den ſchwerſten.
Conſul
(indem er Peyrol die Hand reicht).
Seid auch uns willkommen,
Ihr kommt zur rechten Stunde! Unſere Mauern
Sind feſt, wir fürchten nichts, doch ſolch ein Mann
In unſerer Mitte, uns zur Seite, der,
Wie Ihr bewieſen, daß die Wahrheit ihm
Das Höchſte, der für ſeine Ueberzeugung
Furchtlos und treu ſeit Jahren hat gekämpft,
Der hebt und ſtärkt auch unſern Muth, der iſt
Ein Talisman für Noth und Tod!

(Auch die Andern reichen Peyrol die Hand. Saiſſac kommt aus dem Schloſſe zurück. In dieſem Augenblick hört man Trompetenſtoß und Hörnerruf.)

Doch horcht!
Raymund.
Was iſt das?
Cabaret
(indem er ſein Schwert zieht und vortritt)
Das iſt Schlachtmuſik!
Hauptmann
(kommt auf Raymund zu).
Ein Herold
Bittet um Einlaß.
Raymund.
Mag' er kommen!
Herold.
Simon
Von Montfort, Graf von Leiceſtre, Oberfeldherr
Des Kreuzheers, fordert Euch, Graf Raymund, auf,
Zu unterwerfen Euch und auszuliefern
Die Schlüſſel Eurer Stadt und Eurer Burg.
Er gibt Euch Friſt bis Sonnenuntergang;
Iſt ſie verſtrichen, ſoll der Kampf beginnen,
Und wie ich dieſen Stab in meiner Hand

Zerbreche, sollt auch Ihr, und Stadt und Burg
Zerbrochen sein, geweiht dem Untergang!

Raymund.

Wohlan, sag' deinem Herrn, dem Grafen Montfort,
Es brauche keiner Frist; zu jeder Stunde
Bin ich bereit, mein gutes Recht zu schützen.
(Herold ab.)
So ist sie da, die Stunde der Entscheidung!
Auf denn, an's Werk! Ich nehme den Befehl
In der ersten Vorstadt, in der zweiten Ihr,
Cabaret, — Schloß und Frau und Kind vertrau' ich
Euch Saissac an. Und nun heraus, mein Schwert!
Du hast bisher für And're nur gestritten,
Jetzt gilt es für mich selber! Auf! Ein Jeder
An seinen Platz! Du, Peyrol, folge mir!
(Alle ab bis auf Peyrol.)

Peyrol.

An deinen Platz, Peyrol! — Ja, ja, ich komme!
Doch erst zu ihr, die mir, ich weiß nicht wie,
Mit zaubrisch süßer Macht das Herz bezwungen!
Zur Jüdin! Ihr ein Lebewohl! — Dann in's
Gewühl des Kampfes, — muß es sein, hinein
In's Morgenroth des Todes, gleich dem Stern,
Deß unstet Licht im Sonnenglühn verschwindet!
(Indem er sich zum Fortgehen wendet, fällt der Verwandlungsvorhang.)

Dritter Auftritt.

(Ein Zimmer Samuels im Schlosse. Alterthümliche, behäbige Einrichtung. In der Mitte ein Hängeleuchter mit sieben Armen, darunter ein Tisch, mit Speisen besetzt; um ihn Samuel, dessen Frau und Sarah.)

Samuel. Frau. Sarah.

Samuel
(an der hintern Seite des Tisches stehend, einen crystallnen Kelch in der Hand, der mit rothem Wein gefüllt ist).

Gott unserer Väter, segne diesen Trank
Und laß den Kelch des Leidens, das uns drückt,
Erbarmungsvoll und bald vorübergehn!
(Er trinkt, reicht den Kelch Sarah und setzt sich.)

Sarah
(will ihn zum Mund führen, stellt ihn aber sofort mit einer Bewegung des Abscheus
auf den Tisch, indem sie aufsteht).

Ich kann nicht, — nein, — erlasset mir's, mir schwindelt's
Vor meinen Augen, — dieser Wein, er mahnt mich
An das vergoss'ne Blut! — Vergebt! — Vergebt!

Frau
(mit Samuel aufstehend).

Beruhige dich! Der Wein gibt Stärkung dir.

Samuel.
Du bist bei uns, bist bei den Deinen!

Sarah.
Lachet
Mich aus! — Ihr meint's so gut mit mir. — Es geht
Vorüber. — Aber Eines bitt' ich Euch,
Das Eine sagt mir, denn Ihr müßt es wissen,
Und Ruhe findet meine Seele nicht,
Bevor ich's weiß: Die Mutter liegt im Grabe,
— Wo ist mein Vater? Sagt, wo find' ich ihn?
Euch mach' ich Last in dieser schweren Zeit;
Das drückt mich. Sagt, wo ist er, wo? Daß ich
Hineile, mich an seine Brust zu werfen?
(Samuel und seine Frau gerathen in peinliche Verlegenheit und werfen sich bedeutsame Blicke zu.)

Sarah.
Ihr zögert? — Wie? — Versteh' ich Eure Blicke?
Liegt er verwundet wo? — O, redet! — Oder
Ist todt auch er?

Frau.
Dein Vater lebt, — doch besser
Ist es für dich, du hältst auch ihn — für todt.

Sarah
(immer aufgeregter).

So ist er ehrlos, — ein Verbrecher?
Wollt Ihr

Mit dieser Ungewißheit tobt mich quälen?
Ich bin kein Kind mehr, — sagt mir's, sagt die Wahrheit!

Samuel
(dem seine Frau wiederholt abwehrende Winke gibt, halblaut).

Einmal wird sie es doch erfahren, — besser
Sie hört's von uns, als Fremden.
(Zu Sarah.)
Wisse denn,
Ein junger Priester, armer Eltern Sohn,
An Wissen reich, ehrgeizig, glatter Zunge,
Jetzt hoch in Würden, — er hat deine Mutter
Verführt.

Sarah
(aufschreiend).
Er, — meine Mutter! Weh' mir! Weh!

Frau
(zu Samuel).
O, hättest du geschwiegen!

Sarah
(leidenschaftlich sich aufraffend).
Und sein Name?
Ich muß ihn wissen, — sagt, — sein Name!

Samuel.
Den
Erlasse mir. Ich will dir Vater sein
Und diese — Mutter. Gieb zufrieden dich, —
Forsche nicht weiter!

Sarah.
Seinen Namen sagt mir!
O, ich beschwör' Euch! Halbe Wahrheit ist
Nicht leben und nicht sterben. Sagt mir Alles!

Samuel.
So wiss' auch das, — dein Vater ist — Arnold
Von Citeaux, — der Legat des Papstes.

Sarah.

Arnold,
Der Racheengel mit dem Flammenschwert!
Der Liebe Priester, dessen Hände triefen
Von Menschenblut!
(Sie verhüllt ihr Gesicht mit beiden Händen.)
O, hätt' ich's nie erfahren!
Jetzt ist das Maß gerüttelt voll, jetzt bin ich
Erst ganz elend!
(Sie wirft sich auf einen Divan.)

Frau
(besorgt sich um Sarah bemühend).
Die Aermste! — Mußtest du
Ihr Alles sagen? — O, ihr Männer! — Das
Erträgt sie nicht, der Schmerz erdrückt sie! Sarah!
Sie hört mich nicht, — sie stirbt uns! — Sie schläft ein.
Dem Himmel Dank! Ich höre ihren Athem!
Die Ruhe wird nach dieser bangen Nacht
Und diesem langen Weg ihr gut thun.

Samuel.
Bleibe du
In ihrer Näh'. Wenn jetzt der Kampf beginnt,
Hier habt ihr nichts zu fürchten. Doch zur Vorsicht
Will ich, was wir an Gold und Goldeswerth
Erübrigt uns, zusammenthun, daß wir's
An sicherm Ort verbergen.
(Er wendet sich zum Fortgehen, kehrt aber noch einmal um.)
Hol' auch du
Dein Silberzeug und deinen Perlenschmuck,
Den dir der Graf an seinem Hochzeitstag
Geschenkt hat;
(Mit einem Blick auf Sarah.)
wenn sie schläft, thu's gleich;

Frau
(nachdem sie Sarah sorgsam belauscht, halbleise).
Ich gehe,
Und meine goldgewirkten Kleider auch,

Die von der letzten Reise aus Venedig
Du mir gebracht, — gleich bin zurück ich wieder.
(Beide ab durch die Seitenthüren.)

Vierter Auftritt.

Peyrol tritt durch die Mittelthüre ein. Sarah.

Peyrol.
Da ist sie, — schlafend! — O, welch' Himmelsbild!
Darf ich sie wecken? — 's war ein weiter Weg,
Den wir zusammen gingen, immer höher,
Von Fels zu Fels, — und sie voran mir immer,
Und keine Klage! Nur ein einzig Mal
Hielt stille sie. Der schmale Felsenpfad
War durch den Bergstrom, der von oben kam,
Gespalten; — eine gähnend tiefe Kluft
Starrt' uns entgegen, und ein einzig Brett,
Ein schmales nur, lag über diesem Abgrund, —
Der einz'ge Weg, der uns hinüber führte.
Dort faßte sie der Schwindel, ängstlich sah sie
Mich an, — ich aber nahm auf meinen Arm
Die Zitternde und trug die süße Last
Beherzt und schnell hinüber.

Sarah
(im Traum).
Weh', ich stürze!

Peyrol
(näher tretend).
Sie träumt davon.

Sarah.
O, habet Dank, o Dank!
Mein Retter, Ihr!
(Sie erwacht, erblickt Peyrol, und eilt mit freudiger Hast auf ihn zu, indem sie ihm die Hand entgegenstreckt).
Bei allen Himmeln! Peyrol!

So hast du nicht vergessen mich! Du hältst
Dein Wort, das du gegeben mir!

Peyrol.

So freut's dich,
Zu sehen mich?

Sarah.

Dir dank' ich ja mein Leben!
O, setz' dich zu mir!
(Sie führt ihn nach dem Divan.)
Setz' dich!
(Peyrol bleibt stehen.)
Wie?

Peyrol
(mit Resignation).

Ich komme,
Dir Lebewohl zu sagen, Lebewohl
Vielleicht — für immer!

Sarah
(sich bezwingend).

Immer?

Peyrol.

Diese Stunde
Beginnt der Kampf.

Sarah
(mit überströmender Innigkeit).

So nimm' noch einmal, nimm
Heißesten Dank aus meiner tiefsten Seele!
Und alle guten Engel mögen dich beschützen!
Du warst ein treuer Führer mir, du hast
Der Jüdin, der verstoßenen, dich nicht
Geschämt, du hast den Glauben an die Menschen
Mir wieder aufgerichtet. Ziehe denn
Mit Gott zum Kampfe, und der ew'ge Himmel
Möge dir Sieg und Rückkehr — zu den Deinen
Gewähren!

Peyrol
(für sich).

Welch' ein unnennbarer Zauber
Dringt mir in's Herz mit dieser Stimme Klang!
Von drunten hör' ich Hörnerruf zur Schlacht,
Und wie gefesselt durch geheime Macht,
Stehe ich hier, — vergessend meiner Brüder!
Und doch, — es muß sein!

(Er nähert sich ihr, sucht ihre Hand zu ergreifen, läßt diese wieder und tritt, das Gesicht verhüllend, einen Schritt zurück, worauf er sich nach heftigem Kampfe mit sich selber zu ihren Füßen wirft und mit beiden Händen den Saum ihres Gewandes umfaßt.)

Peyrol
(mit höchster Leidenschaft).

Nein, — ich kann nicht! Nein!
O, hab' Erbarmen! Meine Kraft ist hin!
Was diese Nacht auf schaurig dunkelm Pfad,
Allein mit dir, — ich nicht gewaget zu
Bekennen mir, — jetzt bei dem Licht des Tages,
Jetzt, wo auf immer ich soll scheiden, fühl' ich's
Mit Allgewalt, und kann nicht von dir geh'n,
Ehe mein Mund auch dir es hat gestanden:
Ich liebe dich!

(Sarah, auf's Freudigste überrascht, neigt sich zu ihm, indem sie ihm die Hand zum Aufstehen reicht.)

O, denk' nicht klein von mir!
Ich weiß, es ist jetzt nicht die Zeit zum lieben,
Der Haß regiert, der Haß verzehrt die Welt,
Und Wahnsinn wär's, auf diesem glüh'nden Krater
Sich eine Hütte, eigen Haus und Herd
Sich bauen wollen. Aber sagen mußt' ich's,
Bekennen dir. Jetzt ist mir leicht. Vergib! —
Und lebe wohl!

Sarah
(ihn zurückhaltend).

So nicht, mein Freund. Dein Wort
Gibt mir ein Anrecht, dich zurückzuhalten;
Und so vernimm, was ich auch dir zu sagen.

Die Zeit ist groß; wir beide stehen mit
All unserm Denken über Tausenden,
Verstanden nur von Wenigen. Die Nachwelt —
Sie wird gerecht dem werden, was in uns
Als Ideal, als heil'ge Sehnsucht lebt!
Sie wird sie niederreißen all' die Schranken,
Die blinder Glaube und der Priester Macht
Aufrichtet zwischen Haus und Haus, und Herz und Herz!
Und dann wird kommen der Versöhnungstag,
Wo alle sich die Bruderhände reichen,
Beglücket und beseligt in dem Glauben,
Daß es nur ein Ziel, nur ein Höchstes gibt:
Menschen zu sein, gerechte, edle Menschen!
Und sieh', dies Menschenbild der Zukunft, das
In dieser haßerfüllten Gegenwart
Aus dir mir strahlt verheißungsvoll entgegen,
Das liebe ich in dir, wie du in mir,
— So lieben wir uns beide. — Dies Bekenntniß
Nimm auch von mir mit!

Peyrol.
      Wie! So darf ich glauben,
Wenn aus dem Kampfe ich nicht lebend mehr
Kehre zurück, daß meiner du gedenkest?

Sarah.
Ich werd' dich nie vergessen!

Peyrol.
      Nie vergessen!
O, selig Wort! O Strahl aus Himmelshöhen,
Der meines Lebens dunkeln Weg am Ausgang
Noch einmal mir so zaubrisch hell erleuchtet!

Sarah.
Und nun noch eine Bitte! — Peyrol, schon',
O schon' dein Leben! Wirf es tollkühn nicht

Hinweg! Es sind der Streiter für die Freiheit
Zuviele nicht. Denk', daß das große Werk
Der Wahrheit und Versöhnung erst begonnen,
Denk' an die Deinen, denen Führer du,
Und Tröster bist geworden, — denke auch —
An mich, — ich weiß nicht, wie ich's trüge, wenn
Du lebend nicht zurückkämst!
(Sie trocknet sich die Thränen.)

Peyrol
(in höchster Seligkeit).

Eine Thräne!
O, mein geliebtes Leben! Sarah, Sarah!
(Er hält sie leidenschaftlich mit beiden Armen umschlungen.)
Jetzt bist du mein, vor Gott und vor der Welt!
O, hört es alle Sterne in dem Himmel! —
Ich lasse dich nicht mehr aus diesen Armen,
Jetzt will ich leben, leben nur — —
(In diesem Augenblick hört man Hörner- und Trompetensignale; Peyrol fährt erschrocken zusammen.)
O, Gott!
Das ruft mich fort! — Peyrol, an deinen Platz! —
So nahen sich im großen Weltenraum
Zwei Sterne, — einen Augenblick zerfließt
Das Licht des einen in den andern, als
Wär's nur ein einziger! Der Augenblick
Entflieht, — und jeder von den Sternen
Geht wieder seine eigne Bahn! —
(Mit höchster Ueberwindung seiner selbst.)
Es sei!
(Neue Signale.)
Ich komme!
(Er zieht Sarah noch einmal mit hoher Innigkeit an sich.)
Sarah, meine Seele bleibt
Bei dir zurück, — ich aber, — ich will sterben,
Wie's dem ziemt, der um's Höchste wagt zu werben!
(Er hat ihre beiden Hände noch einmal ergriffen, bedeckt sie mit glühenden Küssen und eilt davon.)

Sarah
(wie aus einem Traum erwachend, ihre beiden Arme nach ihm ausstreckend, und einige Schritte ihm nachgehend).

O, tönet fort, ihr Engelsmelodieen,
O, süße Klänge einer andern Welt!
(Sie bleibt stehen und wendet sich nach vorn.)
Er ist dahin! — Dahin, — das Höchste, was
Das Leben mir gegeben! Wie ein Himmel,
Mitten in Blut und Graus, Zerstörung und
In Tod, — ein hoher Himmel that sich's auf
Vor mir! Ich ward gewürdigt eines Blicks
In seine Wonnen, — seine Seligkeit, —
Jetzt ist der Himmel zu, — verschlossen, — hin! —
Für immer, immer! — „Ich will sterben, wie
Es dem ziemt, der um's Höchste wagt zu werben!"
So hab' auch ich auf dieser weiten Erde
Nichts, das zurück mich hält. Was soll ich hier
Mit diesem Herzen, das Niemand versteht
Und Niemand liebt! — Er war der Einzige! —
So folg' ich dir, mein Freund, denn auch für mich
Ist's Nacht geworden, — Meine Sonne ist
Mit dir hinunter! — Fahre hin denn, Leben,
Der Blume gleich, die süßen Duft gegeben, —
Ich sog ihn ein, — es waren sel'ge Stunden, —
Der Duft ist weg, — die Seele ist entschwunden!
(Vorhang fällt.)

Dritter Aufzug.

(Vor Carcasonne im Lager des Kreuzheers. Feldherrnzelt. Montfort tritt mit dem Legaten ein, beide mit triumphirender Miene.)

Erster Auftritt.

Montfort. Der Legat.

Montfort.

Die erste Vorstadt unser! Jetzt, Rebell,
Gib deine Hoffnung auf. In wenig Stunden
Geht es zum Sturm!
(Er legt Helm und Schwert ab. Ein Hauptmann tritt ein.)

Hauptmann.

Es steh'n Gesandte draußen
Von Schlössern und von Städten in der Nähe,
Euch anzukünden, daß bereit sie sind
Zur Uebergab' und Unterwerfung.

Der Legat
(Montfort zuvorkommend).

Laß' sie
Ein!

Montfort
(gereizt).

Sage ihnen, ich erwarte sie
Zur Stelle.
(Hauptmann ab; für sich:)

Daß doch dieser Priester immer
Das erste Wort sich nimmt!

Zweiter Auftritt.

(Die Gesandten treten ein, einige von ihnen sammt'ne Kissen tragend mit den Schlüsseln der Städte.)

Montfort. Der Legat. Gesandte.

Montfort
(der an seinem Tische stehen bleibt).

Seid uns willkommen!
Wie! Auch Narbonne?

Gesandter der Stadt Narbonne.

Diese Schlüssel sagen
Euch Alles. Unsre Stadt und diese hier,
In deren Namen ich zu sprechen wag',
Geloben Unterwerfung, alle Ketzer und
Der Ketzerei Verdächt'gen auszuliefern,
Ihr Hab' und Gut in Eure Hand zu geben.
Dafür erwarten wir, daß unsern Bürgern
Kein Leids geschehe, daß als Freunde sie
Von Euch behandelt werden.

Montfort.

Ihr habt lange
Besonnen Euch, —

Der Legat.

Für Euern Widerstand
Verlangt die Kirche Buße und auch Geld.

Montfort
(mit scharfem Blick auf den Legaten).

Das Geld erlaß ich Euch. Leget die Kissen
Auf diesen Tisch.

(Es geschieht.)

Sagt Euern Bürgern allen,
Ich nehm' die Unterwerfung, an, ich baue
Auf Euer Wort, — Ihr werdet's halten, denn
Zum zweitenmal habt Ihr auf keine Gnade
Zu rechnen mehr!
(Er winkt ihnen zum Fortgehen und sie entfernen sich mit tiefer Verbeugung.)

Dritter Auftritt.

Montfort. Der Legat.

Der Legat.
    Ihr geht zu weit, Herr Graf,
Der Kirche Feinde schonet Ihr!

Montfort
(höchst aufgeregt auf- und abgehend).
        Und ich —
Ich sage Euch, bei aller Ehrfurcht, die
Der Kirche ich, dem heil'gen Vater und
Euch selber schulde, — hier gebiete ich,
Und ich allein! — Mischt Euch in Dinge nicht,
Die meines Amts!

Der Legat.
      Das ist ein neuer Ton,
Den ich zum ersten Male von Euch höre.
Solltet auch Ihr —

Montfort
(höhnisch lachend).
    Ein Ketzer sein! Wer weiß!
Ich hab' zu Rom gehalten allezeit,
Als Pilger nahm ich's Kreuz für's heil'ge Land,
Als Herr von Montfort schenkt' ich Geld und Güter
An Klöster, nie vergaß ich meine Messe,
Und sechzig Jahre alt, nach Ruh' mich sehnend,
Folgt' ich dem Ruf des Papstes, an die Spitze
Des Heeres tretend hier in der Provence.
Viel Tausende sind schon zurückgebracht
Zum Glauben, — viele Grafen, Fürsten haben
Sich unterworfen, — viele Schätze sind
In unseren Händen, — viel des Blutes auch,
Ich sage, zuviel ist von uns vergossen!
Doch weiß ich wohl, in Euren Augen ist
Das Alles nicht genug. Längst sah ich, wie
Ihr mir's verargt, daß ich beim Kriegeshandwerk
Noch etwas menschlich fühle.

Der Legat.

Soll ich's leugnen,
Daß oft mir bange ist, wenn ich Euch sehe
Schonung und Mitleid üben mit den Frevlern,
Mit diesem Volk, das Unterwerfung heuchelt,
Das keinen Glauben, keine Religion,
Das nichts mehr hat, wovor sein Knie es beugt!
Mitleid mit Ketzern — das habt Ihr vergessen! —
Ist ein Beweis, daß Euch die Ketzerei
Nicht ganz so hassenswerth, als sie es sollte.
Drum hat mit Vorbedacht an Eure Seite
Man mich gestellet.

Montfort.

Aber Ihr vergeßt,
Auch die Rebellen, auch die Ketzer sind
Noch Menschen, — Ihr vergeßt, nicht Alle, die
Uns folgen, treibt der Glaube, — Vielen steht
Nur nach der Beute, nur nach Raub der Sinn,
Und, wenn Ihr's hören wollt, so sag' ich Euch,
Mir will's gefallen nicht, daß selber Ihr,
— Bewahre, nicht für Euch, — für Eure Kirche! —
Von unserer Beute Euch das Beste immer
Nehmet zuerst. Wie wollt Ihr wundern Euch,
Daß man Euch nachsagt, nicht um ihre Seelen,
Nur um ihr Geld und Gut, nur um ihr Land,
Um Macht und Herrschaft nur sei's Euch zu thun!
Wie wollt Ihr wundern Euch, daß schon die Furcht,
Beraubt zu werden, ausgeplündert, uns
Der Feinde täglich mehr erweckt!

Der Legat
(boshaft).

Soviel
Ich weiß, hat dieser Krieg auch Euch nicht ärmer
Gemacht. Manch' schönes Schloß behieltet Ihr,
Und wenn mich mein Gedächtniß nicht betrügt,

So habt Ihr das Diplom, durch das Euch Rom
Dies Schloß und Raymund's ganzes Land zum Voraus
Vermacht, so gut wie in der Tasche schon!
Und ich mißgönn's Euch nicht, bei Gott! Das Dutzend
Von Hufen Landes, das bei Chartres Euch
Zu eigen, sie vertragen schon ein bischen
Zuwachs.

Montfort.

     Das ist des Krieges Recht. Ich führ'
Das Schwert, — der Kirche aber steht es schlecht,
Wenn sie das Wort vergißt: „Mein Reich ist nicht
Von dieser Welt." Und dann —

Der Legat.

                Ich denke, Graf,
Wir brechen ab. Gefährlich ist der Weg,
Den ich Euch wandeln sehe. Lasset Euch
Gewarnt sein Euretwillen!

(Ein Hauptmann tritt ein und spricht mit Montfort, worauf er sich wieder entfernt.)

Montfort.

      Wie Ihr wollt. —
Hört denn die seltne Mähr', die mir soeben
Gemeldet wird. Raymund von Beziers,
Auf seinen Felsen trotzend, uns zum Hohn,
Und um den Muth der Seinen zu beleben,
Feiert ein Trinkgelag' mit Sang und Spiel
Auf der Terrasse seines Schlosses; deutlich
Hört man's im Lager.

Der Legat.

     Der Vermess'ne tändelt
Am Abgrund noch, der sein gewisses Grab! — Wie,
Wenn wir den Augenblick benützten? Wenn
Durch schnellen Ueberfall — —

Montfort.

     Geht nicht. Das Heer ist müde, —

Der Legat
(nachdenklich).

Mir kommt ein anderer Plan.

Montfort.

Was meint Ihr? Sprecht!

Der Legat.

Bei Sang und Saitenspiel, Ihr wißt, da hat
Schon Mancher sich zu einer That entschlossen,
Die vorher keine Macht der Erde ihm
Hätt' abgetrotzt; das Eis der Seele schmilzt
Der Wein hinweg. — Laßt uns mit gutem Wort
Es noch einmal bei ihm versuchen! — Eine
Unterredung, — Aussicht auf Vergebung, — wenn
Auch nur zum Schein, — im Krieg ist jedes Mittel
Erlaubt. Wir haben dann zwiefachen Vortheil,
Wir schonen unser Heer, und Ihr braucht nicht
Zu fürchten, daß die Schätze dieser Stadt,
Die Euch zum Voraus ja vermacht schon sind,
Bei einem Sturm vor Euern eignen Augen
In Flammen aufgehn!

(In diesem Augenblick tritt ein Bote ein, der dem Legaten ein Schreiben bringt welches dieser hastig durchliest.)

Ha! Willkommne Botschaft!
Eine Bundsgenossin, wie nicht besser wir
Für meinen Plan sie wünschen können.

(Reicht Montfort das Schreiben.)

Lest!
Die Gräfin, die von ihrem Vater her
Aus Montpellier als Kind schon mich gekannt,
Sie selber ruft mich auf das Schloß.

(Mit schnellem Entschluß.)

Sofort
Schickt einen Herold!

Montfort
(mit feiner Ironie).

Priester, sagt man, und
Die Frauen haben manchen Landes Schicksal

Entschieden schon. Agnes von Montpellier
Galt als die Schönste der Provence. Fast
Könnt' ich beneiden Euch. — Doch, Ihr vergebt,
Auf Eurer kalten Höh', ich weiß, da blüht
Die Liebe nicht. —
　　　　　　So sei's denn! Gleich laß ich
Euch melden. Und sollt's Euch gelingen nicht,
　　　　(Indem er Helm und Schwert ergreift.)
Dann rede ich mit ihm ein letztes Wort!
　　　　　　(Montfort eilt rasch hinaus.)

Vierter Auftritt.

Der Legat (allein, in Nachdenken versinkend).

Legat.

„Auf Eurer kalten Höh', ich weiß, da blüht
Die Liebe nicht." — Wenn er es wüßte! Und
Er weiß darum. Mir sagt's sein suchend Auge.
Er darf's auch wissen. Wenn die Götter selbst
Sich nicht zu hoch gehalten, mit den Töchtern
Der Erde sich in Liebe zu vereinen, —
Was hab' ich mehr gethan? — Und liegen
Nicht Jahre viel dazwischen?
　　　　　　(Tiefer versinkend.)
　　　　　　　　Doch ist mir,
Seit dieses einen Wortes Klang mein Ohr
Berührt, als wär's erst gestern! — Mit Gewalt
Hab' ich bezwungen mich, — ganz ausgelöscht
Glaubt' die Erinnrung ich, — und plötzlich steht,
Was ich für todt gehalten, Alles wieder
Lebendig vor mir! Aus dem Grabe steigt
Ein Schatten auf, — er winkt, — er ruft, — er naht,
Er hebt sich zürnend, drohend zu mir her, —
Er faßt mich an, — ich spüre eine Hand, —
Hu! Wie sie kalt ist! — Laß mich, laß mich los!
　　　(Ueber sich selbst erschrocken, scheu um sich her blickend.)

Mich höret Niemand hier. — Verschwunden ist
Das Schattenbild! — Und doch, — was gäb' ich drum,
Wenn eins ich wüßte! — Sie ist todt, — wo aber —
Wo ist ihr Kind? — Mein Kind? — Wer sagt es mir?
Seit Jahren such' ich's, such's vergebens. Lebt es?
— Es trug der Mutter Züge, wild und mild; —
Zur Jungfrau muß herangereift es sein,
Wie sie entzückend! — Doch, wozu mich täuschen
Mit Truggebilden? — Lern verzichten, Herz!
Todt sei auch sie mir! Kind und Mutter berge
(Er greift krampfhaft an seine Brust.)
Da drin ein einzig Grab! — Und nun an's Werk!
Die Kirche ruft, — viel stehet auf dem Spiel, —
Ich will mein Glück versuchen!
(ab.)

Fünfter Auftritt.

(Schloßterrasse des ersten Aufzugs, zu einem Banquett hergerichtet. Ritter und Frauen an mehreren reichbesetzten Tafeln. Pagen gehen von Tisch zu Tisch, indem sie auf goldenen und silbernen Platten Früchte und Wein anbieten. Noch vor der Verwandlung hört man den Anfang eines provençalischen Volksliedes, zweistimmig, von Frauen gesungen, mit Begleitung einer Harfe.)

Raymund. Saissac. Cabaret. Troubadour. Samuel.

Lied.

   Strahlende Sonne,   Nirgendwo blüht es
    Seliger Strand!   Und duftet so süß!

   Garten der Wonne,   Land der Provence,
    Mein Heimathland: Mein Paradies!

(In diesem Augenblick erscheint Raymund, gefolgt von Saissac, Cabaret und Samuel.)

Raymund
(einen Brief in der Hand).
Wer hat dir
Den Brief gegeben?
Cabaret.
Von dem König selbst
Ein Bote.

Raymund
(erbricht den Brief und liest).

Seine Hand, — ein gutes Zeichen, —
Laß seh'n, was schreibt uns Arragon?

Saissac.
Er kommt? —
Kommt uns zu Hilf? — O, dann wird Alles gut!

Raymund
(schmerzlich enttäuscht).

Er kann nicht kommen. Fest hab' ich auf ihn
Gebaut. Er dürf' es jetzt nicht mit dem Papst
Verderben. — Ausflucht! — Feigheit! — Gut denn! So
Will ich auch keine Hilfe. Selber will
Und ganz allein ich meiner Haut mich wehren!
Doch, jetzt zum Becher!
(Er setzt sich mit Saissac und Cabaret.)
Mich verlangt nach Wein.

Samuel
(hinter ihm stehend, während ein Page dem Grafen einschenkt).

Das ist vom neuen, Herr, wie Ihr befohlen.
Ein feiner Tropfen! Gestern erst hab' ich
Die Trauben lesen lassen. Ist darunter
Nicht eine fremde Beer', reiner Burgunder,
Ich steh' dafür.

Raymund
(nachdem er gekostet).

Ha! Wie das glüht und duftet!
Das ist die Sonne der Provence! Das
Strömt durch die Adern wie ein süßes Feuer!
Brav! Brav, mein Samuel! Zur rechten Zeit
Hast diesen Göttertrank gerettet du, —
Heut' wär's zu spät! So füllet alle Ihr
Die Becher! Diesen Trunk den Frauen, die
Im Angesicht des Feindes, ohne Furcht
Noch eine Stunde sich bei Sang und Spiel

Des Lebens freun! Was Morgen kommt, das wissen
Wir Alle nicht; drum laßt das heute uns
Vollauf genießen! — Doch, die Gräfin seh' ich
Nicht hier, — wo bleibt die Hausfrau?

Faissac.

Gleich wird sie
Erscheinen.

Cabaret
(zu Raymund).

Ihr seid neuer Lieder Freund, —
Soll ich den Troubadour, der an der Brüstung
Dort lehnet, rufen?

Raymund.
Ruf ihn!
(Cabaret entfernt sich).

Solch ein Sänger
Hat oft den Haß, der diese Zeit erfüllt
In zarter Verse schöne Form gebracht,
Und dieses Schlosses Mauern hallten schon
Von manchen ihrer Sänge wieder.
(Der Troubadour kommt, und wird von Cabaret vorgestellt.)

Sei
Gegrüßet mir! Hast du ein neues Lied,
Ein lustig Lied?

Troubadour.

Wenn Ihr befehlt, so will
Versuchen ich's; doch habet Nachsicht, wenn
In dieser schweren Zeit der Scherz selbst Ernst wird.

Raymund
(sich setzend).

Sing' immer zu, — wir hören!

Troubadour
(mit Citherbegleitung in rezitirender Weise.)

Ich weiß eine Spinne, dick und fett,
Die trägt ein Kreuz auf dem Rücken,

Sie spinnt bei Tag und Nacht in die Wett,
Doch steht ihr Sinn nicht nach Mücken.
Sie hat ein gewaltiges Netz gespannt
Bis hin zu den Lappen und Finnen,
Sie hat es befestigt in jedem Land,
Daß Nichts ihr möge entrinnen!
Und mitten sitzt sie und horcht und lauscht
Mit tausend Augen und Ohren,
Wo nur das leiseste Lüftchen rauscht,
Kein Athem geht ihr verloren.
Und wo ein freier Gedanke regt,
Ein freier Geist seine Schwingen,
Husch! husch! Die Spinn' ihn in Fesseln schlägt
Mit ihren Maschen und Schlingen.

(Ein Theil der immer gespannter lauschenden Ritter und Damen beginnt sich von den Sitzen zu erheben und nähert sich dem Sänger, bis zuletzt alle in einer Art Halbkreis ihn umstehen. Der Troubadour fährt fort, indem sein Vortrag von Vers zu Vers erregter wird.)

Und wehe, wehe, dem's widerfährt!
Sie umspinnt und schnürt ihm die Glieder,
Bis auf's letzte Tröpfchen sein Blut sie zehrt,
Und läßt ihre Beute nicht wieder!
Ich aber frage, wie lange noch soll
Der Spinne ihr Spiel gelingen?
Auf, auf, wer ein Herz hat, das Maß ist voll,
— Zerreißt die römischen Schlingen!

(Die Ritter haben bei den letzten Worten ihr Schwert gezogen, und Raymund, der zuletzt aufgestanden, wiederholt den Refrain mit erhobener Stimme.)

Raymund.

„Auf, auf, wer ein Herz hat, das Maß ist voll,
Zerreißt die römischen Schlingen!"

(Einige Ritter schlagen ihre Schwerter wildfreudig aneinander.)

Raymund
(reicht dem Troubadour die Hand).

Dank, Dank, mein Sänger! Du mußt bei mir bleiben,
Ich bin dein Schuldner. Wenn der Kampf vorbei,

Such' dir von meinen Pferden aus das schönste,
Mit gold'ner Decke schmück' ich dir's, wie du
Mit deinem Liebe mir dies Fest geschmückt.
(Man hört Heroldruf; Alles drängt nach der Brüstung der Terrasse hin.)

Raymund
(zu Cabaret).

Was ist das? Cabaret sieh' zu —
(Indem sich dieser entfernen will, tritt im Hintergrunde ein Herold auf; Alles macht Platz, so daß dieser in der Mitte steht.)

Herold.
Arnold
Von Citeaux, der Legat des Papstes, fordert
Einlaß.
(Allgemeines Erstaunen; einige Ritter machen drohende Bewegungen.)

Raymund
(auf's Höchste erregt).

Wer fordert Einlaß? — Der Legat?
Was soll die Posse? — Zwischen mir und Rom
Gibt's kein Verhandeln mehr! Sag ihm —

Saissac
(einfallend).

Doch wenn sie
Nachgeben, wenn mit Ehren —

Samuel.
Hört ihn nur!
Was Ihr zu thun beschließt, steht doch zuletzt
In Eurer Hand.

Raymund.
So mög' er kommen!
.(Gibt Cabaret einen Wink, der sich mit dem Herold entfernt; für sich:)
Gutes
Erwarte ich von diesem Priester nicht.

Sechster Auftritt.

(An der Treppe im Hintergrund erscheint, von Cabaret und einigen Rittern begleitet, der Legat; ihm folgen zwei Dominikanermönche; sie bewegen sich feierlichen Schrittes nach vorn; alle Anwesenden machen eine ehrfurchtsvolle Verbeugung. Große Stille.)

Vorige. Der Legat. Später die Gräfin mit dem Knaben.

Der Legat
(in die Mitte tretend, indem er seinen Blick über die Versammelten schweifen läßt).

Nicht Euer Feind, — als Friedensbote tret' ich
In Eure Mitte. Doch vergebt, mein Auftrag
Geht an den Grafen — und die Gräfin —

Raymund.
                                                  Laßt
Euch stören nicht, sie folgt Euch auf dem Fuße,
Und ich bin Herr hier.
                (Für sich:)
                      Sie kommt früh genug,
Die Hand zu küssen.

Der Legat.
                    Unsre Kirche will
Nicht Euren Untergang, sie will Euch retten
Vor ewigem Verderben. Drum vernehmt,
Was Rom Euch bietet. Alles soll vergessen,
Alles vergeben sein, wenn Ihr zur Stunde
Einstellt den Kampf. Rom fordert nichts von Euch,
Als daß die Ketzer Ihr, und Alle, die
Der Ketzerei verdächtig, liefert aus,
Und alle Juden, die wider Gesetz
Auf Euren Gütern Ihr habt angestellt,
Sofort aus Eurem Dienst entlaßt!

Raymund
(mit Gewalt sich zurückhaltend).
                                Nichts mehr? —
Damit der dumme Pöbel sie mit Steinen,
Ihr selbst mit Feuer und mit Schwert sie tödtet?

O, wie so gnädig, wie so liebevoll
Ist diese Mutter!

Der Legat.
Nur gerecht!

Raymund.
(mit steigender Heftigkeit).
Nie! Nie!
Eh' fliegt ein Esel in den Himmel, als
Daß Eurer Gnade ich sie Preis geb'!

Samuel
(vortretend).
Herr!
Um Euretwillen künd' ich selber Euch
Den Dienst, — o, laßt mich geh'n!

Raymund.
Wie! Samuel?
Mein bester Diener, der seit Jahren mir,
Der meinem Vater schon bewiesen hat,
Daß Treu' und Ehrlichkeit nicht von dem Glauben
Abhängt! — Du bleibst! — Und wenn sie wegen Deiner
Mein Schloß zu Asche brennen, — lieber als
Daß Treu und Glaube ich verleugnen sollt'!

Der Legat
(für sich).
Wo bleibt die Gräfin? Wie erklär' ich mir —
(Zu Raymund.)
Wenn Ihr bedenkt, daß Eure Macht zu klein,
Daß alle Fürsten gegen Euch im Feld,
Daß Eure Vorstadt schon in unsern Händen —

Raymund.
Ich hab' noch eine, stärker als die erste,
Ich habe Männer, stärker als die Mauern,
Ich hab' mein Recht, mein altes, gutes Recht,
Und darauf bau' ich!

Der Legat.
Bauet immerhin!
Ich aber sag', worauf Ihr baut, ist Sand,
Und weniger als Sand, — ein eitel Nichts!
Recht gibt's nur eines, — nur bei Rom ist Recht, —
Gegeben von Gott selber! — Ihr vergeßt,
Was Euer Recht Ihr nennt, das danket Ihr
Der Gnade Roms! In ihm ist alle Fülle
Von Macht und Herrscherthum. Rom ist die Sonne, —
All' Euer Glanz, und selbst des Kaisers, gleicht
Dem Licht des Mondes, ist erborgtes nur!
Drum laßt den Trotz! Der höchste Ruhm des Fürsten
Ist, daß er nie vergeß', wie Nichts er ist,
Wie Alles, was von Ehr' und Ländern sein,
Ihm nur geborgt, und wie sein weltlich Schwert
Er nur darf führen als der Knecht der Kirche!

Raymund.
Als Euer Büttel, Euer Henkersknecht!
(Zu seinen Rittern.)
Habt Ihr's gehört? Habt Ihr noch nicht genug!
Brennt Euch die Seele nicht vor Scham und Zorn?
Habt ihr's gehört, ihr Geister meiner Ahnen,
Die ihr umschwebet dieses Schlosses Zinnen?

Der Legat
(zu den Rittern Raymunds).
So lasset Ihr beschwören Euch! Bedenkt,
Was Ihr Euch zuzieht, wenn Ihr länger noch
Folgt dem Rebellen! Sagt Euch los —

Raymund
(zieht sein Schwert und will auf den Legaten zu).
Ha! Frecher!
Zum Meineid forderst auf du, zu Verrath!
(In diesem Augenblick eilt die Gräfin mit dem Knaben aus dem Schlosse und
fällt dem Legaten zu Füßen.)

Gräfin.
O, hört es nicht! — O, Gott! —

Der Legat
(für sich).

Die Gräfin!

Raymund
(reißt die Gräfin empor).

Hier,
Verblendet Weib, hier ist dein Platz nicht!

Gräfin.

Raymund!
Um's Himmels willen! Geh' zu weit nicht! Weg,
Weg mit dem Schwert! O, hör' dein schwaches Weib!
Hör' mich!

Raymund.

So bist im Bunde Du mit Diesem?
(Mustert mit scharfem Auge den Legaten und die Gräfin.)
Die Blicke, — wie! — wenn meine Ahnung — Weib!
Du hast gerufen ihn?

Gräfin
(entschlossen).

Ich hab's!

Raymund
(in steigender Aufregung).

Du — ihn!
O, Schmach und Schande!

Gräfin.

Weil ich liebe dich!
Weil ich dich retten will um jeden Preis.
O, denk' an Toulouse, denk' an deinen Ohm!
Auch er hat wider Rom empört sich. Denke an
St. Giles, wo sie zum Widerruf ihn zwangen,
Wo er, entblöst bis auf den Gürtel, mußte
Im Kirchenhof, wie ein Verbrecher, stehen,
Bis sie mit Geißeln und mit Ruthenhieben,
Von Blut befleckt, ihn zum Altare trieben!

Raymund.

Gut, daß du mich an ihn erinnerst. Weißt du,
Daß all' die Schmach, alle Entehrung, die
In gutem Glauben er erduldet hat,
Daß sie vergebens war? Daß die Versprechen
Von Gnade und Vergebung nichts als Lug
Und Trug? Weißt du, daß Rom, als Alles er
Gethan, was man verlangte, Alles ihm
Genommen hat, — sein ganzes Land? Willst du,
Daß Rom auch mich beraub', daß es auch mich
Erniedrige? Soll dieses schöne Land
Das sich vom Strand des Meeres wie ein Garten
Voll Duft und Blumen nach den Bergen zieht,
Zum Kerker werden, wo nur Rom allein,
Das stolze, übermüthige, gebietet?
Zur Wüste, wo unter des Priesters Fuß
Die Freude welkt und alles Leben stirbt?
Zu mir her, sag' ich drum, hier ist dein Platz,
Nicht bei dem Todfeind, nicht bei diesem!

Der Legat
(zur Gräfin, die in furchtbarem Kampf mit sich selber, unschlüssig, wohin sich wenden).

Gräfin,
Ihr habt die freie Wahl. In Eurer Hand
Liegt Euer und des Grafen Schicksal. Denkt
An Euer ewig Heil, an seines, — denkt,
Was Euer Glaube von Euch fordert, und
Darnach entscheidet!

Raymund
(mit Innigkeit, indem er der Gräfin Hand ergreift).

Nein! An uns're Liebe
Denk', — was geschworen du an dem Altar, —
Was wir uns waren! Denk' an jene Zeit,
Wo Friede noch in diesen Ländern wohnte,
(Halbleise).
Wo wir uns sahn zum ersten Male, dort
In Montpellier, auf deines Vater Schloß,

Am blauen Meer, im Garten unter Lorbeer
Und Myrthe, — wo du hocherröthend mir
Geständst, daß du mich liebest; — denke an
Den ersten Kuß, der unf're Seelen einte, —
Und denk', als Mutter, denk' an unsern Knaben!

Gräfin.

Ich denke dran; doch wenn du wahrhaft mich
Geliebt, wenn deine Schwüre mehr als Worte,
O, kehr' zurück, zurück zu deiner Pflicht!
O, wende ab das Schrecklichste, das droht,
Das sicher droht und unabänderlich,
— Der Kirche Fluch! — Raymund, — das trüg' ich nicht.

Raymund.

Mein gutes Weib, — o, sei mein starkes auch!
Erhebe Dich, erkenn', um was sich's handelt!
Wo soll es hin, wenn in so schwerer Zeit,
Wo sich der Mann abmüht im heißen Kampf
Für Recht und Freiheit, — wenn daheim sein Weib
Ihn nicht versteht, versteh'n nicht will, — wenn Du
Statt mir zur Seite dich zu Denen stellst,
Die ich bekämpfe! — Von dem Glauben ist
Hier nicht die Rede. Glaube, was du willst,
Ich hab' dich nie gestöret. Zwischen mir
Und diesem ist nur eine einzige Frage,
Ob ich in meinem Lande Herr bin, oder
Die Priester? — Darum fordr' ich jetzt von dir —

Gräfin
(mit Stolz einfallend).

Du forderst? — Wer, wer bin ich denn? So hab'
Ich keinen Willen, hab' kein Recht mehr? So
Bin ich dir nichts mehr als die — Magd?
(Zum Legaten.)
O, sprecht,
O, redet Ihr!

Raymund
(dem Legaten zuvorkommend).

Ich ford're jetzt von dir,
Daß du dich fügst, — hörst du, ich ford're das
Als Mann, — als dein Gebieter.

Gräfin
(in steigender Aufregung, mit dem Legaten Blicke wechselnd).

O, nur zu!
Zur Sklavin also willst du mich erniedern?
So forderst du des Weibes Stolz heraus,
Und ich erkläre dir vor Allen hier:
Zu Ende ist's mit unf'rer Liebe, — höher
Steht mir die Kirche, steht mein ewig Heil!
An eines Ketzers Seite bleib' ich nicht, —
Ich ford're Scheidung, Scheidung unf'rer Ehe!
Noch heute, diese Stunde noch verlaff' ich
Das Schloß und dich, — und — geh' zu meinem Vater.
(Sie bricht zusammen und streckt wie eine Versinkende ihre Hand nach dem Legaten.)
Ihr werdet schützen mich!

Der Legat
(ihre Hand fassend).

Verlaßt Euch d'rauf!
Das wird Euch angeschrieben in dem Himmel!
(Für sich.)
Triumph! Triumph!
(Zu Raymund.)
Doch, nun zu Euch ein Wort!

Raymund.

Nicht eine Silbe mehr! — Also dahin,
Dahin ist es gekommen! Mich verlassen!
O, bin ich denn von Sinnen, ganz von Sinnen?
Mein Weib verlassen mich?
Das ist die Frucht
Des gottvergeff'nen Bunds vom Glauben und
Vom Glaubenswahn! Das ist der Bastard von

Religion und Pfaffenthum! — Doch, was
Noch viele Worte!
(Nach furchtbarem Kampf mit sich selber.)

Ist's dein Ernst, dein voller, —
Wohlan, — so gehe, — geh'! Ich halt' dich nicht.
Gehe zum Vater, — geh' ins Kloster, — geh'!
Nur bilde dir nicht ein, daß ich den Knaben
Werd' mit dir ziehen lassen, — daß du ihn
Den Priestern in die Kost gibst, daß du mir
Aus meinem Sohne einen Klosterbruder,
Ein frommes Mönchlein machst. Der Knabe bleibt
Bei mir!
(Er nimmt seinen Knaben zu sich, der bisher von einer der Hofdamen gehalten wurde.)

Der Legat.

Im Namen Gottes, hört mich, Graf!

Raymund
(wüthend).

Im Namen Gottes? Hört doch diesen Lästrer!
Zeig' mir den Brief, den Brief und Siegel, wo
Geschrieben steht, daß der allmächt'ge Gott
Dich Natternbrut zu seinem Dollmetsch, zum
Vollstrecker seines Willens hat erwählt!
(Zur Gräfin, während der Legat sich Mühe gibt, seinen Ingrimm zurückzuhalten.)
Und du, mach' schnell! Die Stunde rinnt, — ich habe
Jetzt Anderes zu thun!

Gräfin
(die noch immer zu Füßen des Legaten auf ihren Knieen liegt, ihre Arme gen Himmel streckend).

O, ew'ger Himmel!
O, sende einen Strahl aus deinem Licht
In diese Nacht mir!

Der Legat
(leise zur Gräfin).

Bleibet fest, Frau Gräfin!
(In diesem Augenblick geht der Knabe vom Grafen weg und eilt weinend auf seine Mutter zu.)

Knabe.

O, Mutter, bleib' beim Vater!

Der Legat
(zur Gräfin).

Wanket nicht!

Knabe.

O, bleibe bei uns, bleib'!

Gräfin
(während Raymund abgewendet dasteht und ihre Hofdamen, die einen vor Rührung ihre Thränen trocknen, die andern bittend ihre Hände ihr entgegenstrecken).

Ich kann', — ich darf nicht!

Knabe.

O, bleib' bei mir, o, liebe, liebe Mutter!

Der Legat
(immer dringender).

Hört nicht auf ihn!

Gräfin
(im leidenschaftlichsten Kampfe, faßt den Knaben in ihre Arme, wühlt in seinen Locken und herzt und küßt ihn).

Mein Kind! — Mein süßes Kind! Ich — dich verlassen? — Dich — und deinen Vater? — (Sie erhebt sich rasch, wirft einen Blick auf den in größter Spannung dastehenden Legaten und stürzt sich dann unter strömenden Thränen Raymund in die Arme).
Nein, ich verlaß dich nicht! — Vergib! Vergib!

(Allgemeine freudige Bewegung.)

Der Legat
(indem er die Lippen über einander beißt).

O, Weiber!

Raymund
(im höchsten Triumph).

Meine Agnes!

(Stille Gruppe).

Nun, Legat! Die Liebe hat, das Herz es hat gesiegt.

Gräfin.

Du haft vergeben? — Nimm mich denn, —
Es war der letzte Kampf, den mit mir selber
Bestanden ich. Jetzt ist mir leicht und frei, —
Er ist vorüber.
(Sie nähert sich mit dem Ausdruck hoher Siegesfreude dem Legaten.)
Nur ein schwaches Weib,
Wie Ihr mit Recht sagt, steh' ich vor Euch. Doch
Auch in dem Schwächsten schlummert eine Kraft,
Und Ihr habt sie geweckt in mir. Ihr habt
Mit Wort und Blick mir zugestimmt, als ich,
Von Wahn bethört, bereit war, zu zerreißen
Das Band, das mich an meinen Gatten knüpft,
An Kind, an Alles, was das Liebste mir, —
Das Band, von dem Ihr selber sagt, was Gott
Zusammenfügt, das soll der Mensch nicht scheiden.
Mir war's wie Tod, — mir war's, als stockte hier
Das Blut im Herzen, und die Welt um mich
Sie schwand in Nichts zusammen. Ihr, als ob
Mit Karten Ihr, mit Würfeln spieltet, und
Das Spiel gewinnt, — Ihr triumphirtet. — Seht,
Das hat mich irr' gemacht, an Euch, — an Rom,
Und an mir selber. Diese Leichenkälte,
Mit der Ihr zusaht, wie mein Herz sich krümmte,
Mit der Ihr jubeltet, — als ich im Sterben, —
Mit der Ihr selbst des Kindes Unschuldstimme
Zu übertäuben suchtet, — sie, sie hat
Die Binde endlich mir vom Aug' gezogen,
Sie hat den Abgrund mich erkennen lassen,
An dessen jähem Rand, von Euch geführt,
Ich taumelte. So habt Ihr mich geweckt, —
Habt mich mir selbst zurückgegeben. — Ja,
Die Liebe hat gesiegt! Die Liebe geht
Ueber den Glauben, über Glaubenswahn!
Wahn war es auch, daß ich Euch rufen ließ, —
Vergebt darum, — vergebt, — und geht!

Raymund
(ihre Hand ergreifend).

Du machst
Mich stolz, mein Weib, — mir ist, zum zweiten Mal
Auf's Neue seist du heut' mir angetraut,
Und neuer Muth und neue Kraft schwillt mir
Die Seele!
(Zum Legaten.)
Doch, was stehet Ihr? Was zögert
Ihr länger noch?
Der Legat
(in feierlichem Tone).

Ich schüttle nur den Staub
Von meinen Füßen, und da Beide Ihr
Dem Ruf der Kirche, Eurer Mutter, trotzt,
So künd' ich Euch das Letzte an, was mir
Als Diener Gottes meine Pflicht gebietet.
(Er tritt einen Schritt vor, den Zuschauern halb den Rücken kehrend. In diesem
Augenblick hört man einen fernen Donner.)
Weil Ihr mit Vorbedacht, verstockten Sinn's
Die Hand zurückstoßt, die Euch Gnade und
Vergebung bot, so stoß' ich Beide Euch
Aus aus der Kirche, — thu' Euch in den Bann!
Verfluchet seid Ihr, Mann und Weib und Kind!
Verfluchet Ihr und Euer ganzes Haus!
Verfluchet Ihr und Euer ganzes Land!
Verflucht der Eingang Euch, und Ausgang! — Mit
Wahnwitz und Raserei schlag' Euch der Himmel!
Sein Blitz zerschmettere Euch Haupt und Glieder!
Der Boden spalte sich Euch unterm Fuß,
Und in den Pfuhl der Hölle sinkt hinab
In Ewigkeit!
(Bei den letzten Worten hört man die Mönche halblaut die Worte murmeln: Amen,
Amen! und stärkeren Donner mit Blitz. Allgemeine Bewegung. Der Legat und
die Mönche entfernen sich.)
Raymund
(nach einer großen Pause, die Gräfin im Arm und den Knaben an der Hand hal-
tend, im Kreise sich umschauend).

Der Strahl hat nicht gezündet, —
Das Wetter zieht vorbei! — Ich aber will

Ein anber Wetter jetzt herniederfahren,
Daß Blitz auf Blitz und Schlag auf Schlag sie treffe!
O, ew'ge Himmelsmächte, steht mir bei,
Daß noch Gerechtigkeit auf Erden sei!
Laßt mich im letzten Kampfe nicht erliegen,
Und Rittermuth des Priesters Fluch besiegen!

(Der Vorhang fällt.)

Vierter Aufzug.

Erster Auftritt.

(Die Schloßterrasse von Carcasonne. Die Gräfin mit ihren Frauen schaut dem Kampfe zu, der zu Füßen des Schlosses wüthet.)

Gräfin, Saissac, später Cabaret.

Gräfin
(zu Saissac, welcher auf einem erhöhten Standpunkte steht).

Wie steht der Kampf?

Saissac.
Die Feinde sind am Graben
Der zweiten Vorstadt, — fürchterlich Gedränge!
Ein Hagel schwerster Steine, Schlag auf Schlag,
Fällt donnernd nieder, ganze Reihen stürzen
Zerschmettert hin, die Pfeile schwirren zischend,
Und Allen vor, mit hochgeschwungnem Schwert
Erblick' ich Montfort.

Gräfin
(ungeduldig).
Und die Unsern? Siehst du
Den Grafen nicht?

Saissac.
Dort steht er auf der Mauer,
Dem Felsen gleich im Sturmgeheul der Brandung.
Jetzt läßt er siedend Wasser auf sie gießen, —
Ha! Wie sie taumeln, — fallen! — Der Verwegene!

Gräfin
(in steigender Angst).
Wer? Wer?

Haissac.
Montfort wagt sich bis an die Mauer; —
Ein Ritter liegt im Graben dort, zerschmettert
Den Fuß, — er hebt ihn auf, — es fliegt ein Stein
Hart an der Stirne ihm vorüber, — glücklich
Bringt er den Ritter nach der andern Seite, —
Er hat gerettet ihn! —

Gräfin
(ungeduldig).

Was, Montfort! Sprich
Vom Grafen mir!

Haissac.
Die Feinde weichen! Sieg!

Gräfin.
Sieg! Und er lebt?

Haissac.
Er lebt! — Doch jetzt, was seh' ich! —
Dort stürzt die Mauer ein, — des Kreuzheers Fahne
Weht auf der Zinne! — Rückzug blasen sie! —
(Er steigt herab.)
Die Vorstadt, auch die zweite, ist verloren!

Gräfin
(auf ihn zueilend, während ihre Frauen verzweifelnd die Hände gen Himmel strecken).

Du lügst! Du lügst!
(In diesem Augenblick eilt Cabaret die Treppe herauf.)
Was bringt Ihr, Cabaret?

Cabaret.
Muth! Muth! Frau Gräfin, noch ist Alles nicht
Verloren!

Gräfin
(zusammenfahrend).

Alles nicht? — Das ist schon Alles.

Cabaret.

Noch ist die Stadt und diese Burg noch unser!

Gräfin.

Noch, und wie lange? Doch mein Mann, wo ist er?

Cabaret.

Da kommt er selbst.
(Raymund mit Gefolge tritt auf; er trägt um den Kopf eine Binde.)

Zweiter Auftritt.

Vorige. Raymund.

Gräfin
(auf ihn zueilend).

So sind wir ganz verloren!
Und du verwundet!

Raymund
(nimmt die Binde weg).

Nicht der Rede werth.
(Er setzt sich an einen Tisch, finster vor sich hinblickend.)
Ich hab' zuviel gewaget! — Einer gegen
Die Tausend'! — Cabaret!

Cabaret.

Was soll —

Raymund.

Geh', eile,
Damit ihr Jubel nicht zu groß — man soll
In Brand die Vorstadt stecken! Eine Wüste
Will rings ich machen — Geh'! — Ich will's!
(Cabaret eilt davon.)

Raymund
(ihm nachrufend).

Noch eins!
(Cabaret einige Schritte zurückkehrend.)

Ruf' mir die Tapferſten von meinen Kriegern,
Und von den Bürgern auch zwei Fähnlein; wenn
Der Brand vorüber, ſollen ſie gerüſtet
Erwarten mich; — ich ſelber will ſie führen
Zu einem Ausfall. Eile ſchnell!
(Cabaret ab.)

Gräfin

(ihm zu Füßen fallend und ſeine Kniee umfaſſend).

Das iſt

Dein Tod!
(Sie verbirgt weinend ihr Geſicht.)

Raymund

(in tiefes Brüten verſinkend).

O, dieſes Leben! — Eine Woge
Hebt uns zum Himmel hoch empor, — die andre
Schleudert hinab uns in die dunkle Tiefe! —
Wie viele meiner Beſten ſind gefallen!
Und mein iſt die Verantwortung! — Ich ſah
Von fern auch ihn, wie er voran vor Allen
Sich in die Feinde warf; — im Drang der Noth
Vergaß ich ihn, — mein Peyrol!

(In dieſem Augenblick wird Peyrol auf einer Bahre die Treppe heraufgetragen.
Raymund erkennt ihn, und eilt ihm entgegen.)

Armer Freund!

Dritter Auftritt.

Vorige. Peyrol, und gleich darauf auch Sarah.

Peyrol

(mit matter Stimme).

Noch einen Händedruck von dir — und dann —
Noch eine — letzte Bitte.

Raymund

(ſich über ihn neigend).

Sprich ſie aus!

Peyrol.

Die Stunden sind gezählt mir. Wenn die Freundschaft,
Die uns im Leben einte, mehr war als
Ein Sonnenlächeln, das in nichts verschwindet,
O, dann, mein hoher Freund, versprich mir's fest,
Wenn dieses Morden ist zu Ende, wenn
Des Krieges Lärm verstummt, und wie ein Frühling
Der Friede einzieht in dein schönes Land,
O, bleibe treu dem, was in heil'ger Stunde
Wir uns gelobt für's Leben! Zeig' der Welt,
Daß auch als Fürst ein warmes Herz du hast
Für deines Volkes Drang und Sehnsucht nach
Dem Licht der Wahrheit, die durch Priestermacht
Zu lang ihm vorenthalten! Zeige, daß
In deinem Lande Raum für Alle ist,
Die dem Gesetz gehorchend, thun was recht,
Gleichviel ob sie zur Messe gehn, ob sie
Dem Priester beichten, oder nicht. Das, Freund,
Versprich mir!

Raymund.

Dieser Druck sag' Alles!

Peyrol.

Ich —
Wie gerne hätt' ich noch gelebt, — gekämpft,
Gekämpft für's Höchste! Doch, ich klage nicht, —
Ich hab' gekämpft, — und Andre werden folgen!
Drum nur noch Eins.
(Raymund näher zu sich ziehend).
Du kennst das Mädchen, das
Mit mir geflüchtet sich hieher zu dir, —
Die Jüdin, — deinem Schutz empfehl' ich sie.

Raymund.

Wenn dir's in letzter Stund' zum Trost gereicht,
So nimm mein Wort darauf.
(Man hört Sarah's Stimme, noch ehe diese selbst auf der Bühne erscheint.)

Sarah
(aus dem Schlosse kommend).

Wo ist er? Laßt mich —
O, laßt mich zu ihm!
(Sarah wirft sich neben die Bahre hin und umfaßt Peyrol mit ihren beiden Armen.)
O, mein Freund! Mein Alles!

Peyrol
(sich aufrichtend).

Du, Sarah, du? — Du kommst als Friedensengel! —
Wie Palmensäuseln weht mich's an! — O, selig,
In deinem Arm zu sterben!

Sarah
(im leidenschaftlichstem Schmerz).

Leben sollst du!
Jetzt fühl' ich erst, was du gewesen mir!
Nein, nein, du darfst nicht sterben! — Helfet! Helft!

Peyrol.
Es ist zu spät, — zu spät —

Sarah
(mit höchster Innigkeit).

So nimm mich mit dir
In's Reich des Friedens, wo der Streit ist aus, —
In's Land der Seelen, wo der Erde Qual
Nicht hindringt, — nimm mich mit, — dort finde ich
Auch meine Mutter wieder!

Peyrol
(sanft seine Hand auf ihre Stirne legend).

Wenn ich dir
In's dunkle Auge schau', — wenn deines Mundes —
Geliebter Athem — wie ein sanfter Hauch —
Aus bessern Höhen — mir die Stirne kühlt, —
Dann träum' auch ich von einem schönern Land, —
Vom Wiedersehn, — ja, ja, — wir sehn uns — wieder!
(Er stirbt.)

Sarah
(im höchsten Schmerz sich über ihn werfend).

O, Himmel, todt!

Raymund
(mit verhaltener Stimme).

Ein Stück von meinem Leben!
Und fast beneid' ich ihn. —
Tragt ihn hinweg!
(Zur Gräfin.)
Du, Agnes, wirst für diese Aermste sorgen!

Sarah
(die schon aufgestanden, wirft sich noch einmal über die Leiche).

Nein, nein, — ich kann nicht fort von dieser Stelle,
Wie festgewurzelt steh' ich, o mein Gott!
O habt Erbarmen! Laßt mich, laßt mich! Hier
Liegt meine ganze Welt; — Und doch, — Ihr seid ja gut!
(Sie ist aufgestanden und nimmt alle ihre Kraft zusammen, um sich zu halten.)
So leb' denn wohl, — leb' wohl, mein Leben, — ewig
Wohl!
(Peyrol wird fortgetragen.)

Gräfin
(zu ihren Frauen).

Nehmt sie mit Euch, — führet sie ins Schloß!
(Die Frauen nähern sich Sarah.)

Sarah
(mit wild aufwachender Leidenschaft, indem sie unheimlich vor sich hinblickt).

In's Schloß? — Ihr irrt. — Mein Weg geht andershin.
Und dieser sei mein Führer!
(Sie hat einen Dolch herausgezogen, den sie in ihrem Gürtel verborgen hatte.)
Wie ein Blitz
Fährt's in die Seele mir. — Wer ist denn Schuld
An all' dem Jammer, all' dem Blute? Wer?
Wer hat mir ihn erschlagen? Wer hat mir
Mein ganzes Lebensglück zerstört, zertrümmert?
Wer hat das Herz der ganzen Gegenwart

Mit Haß erfüllt? die Menschen, die zur Liebe
Geschaffen, mit dem Gift des Glaubenswahns
Getränkt, daß sie entmenschet sich zerfleischen? —
Die Priester sind's, — die falschen Priester, — und
Vor Allen Er, Arnold, der Papstlegat,
Der Tiger in Gestalt des Menschen, — er, —
O Gott, ist's möglich? — der Verführer meiner
Mutter! — mein Vater! — er!
(Mit erhobenem Dolche vortretend.)
Drum — hin zu ihm!
Wir beide wollen vor ihn treten; — ich,
Als eine Furie im Schlangenhaar,
Als sein Gewissen, als die Rächerin
Für alles Unrecht, allen Jammer und
Für alle Thränen! — hin — in's röm'sche Lager!
(Mit ausbrechendem Wahnsinn.)
Freu' dich, mein Vater, — deine Tochter kommt, —
Du wirst sie kennen doch, — sie nicht verläugnen.
O, wie ich herzen dich, — wie küssen will!
Und schnell! — er ruft mich, — ja, — ich komme, Vater!
(Sie eilt, von Wahnsinn erfaßt, mitten durch die Umstehenden hindurch der Treppe
zu; Alle sehen ihr verblüfft und ängstlich besorgt nach.)

Raymund.

Der Schmerz hat sie verwirrt. Folg' einer ihr,
Daß ihr kein Unfall stoße zu!
(Es geschieht. Zur Gräfin.)
Du gehe
Auf deine Zimmer, dich dort auszuruh'n.

Gräfin.

Mir ist so schwer ums Herz, — laß' mich, ich bitte, —
An deiner Seite!

Raymund.

Jetzt nicht, denn ich muß
Hinunter in die Stadt, Muth zuzusprechen
Den Bürgern, die —
(Indem er sich zum Gehen anschickt, kommt ein Bote, der ihm eine Meldung bringt.)

Was gibt's? — Auch das noch?
So stehn die Elemente selbst mit Rom
Im Bunde? — In den Brunnen fängt das Wasser
An zu versiechen? — Alle Teufel! Kommt,
Mich zu begleiten!
(Raymund eilt mit den Rittern die Treppe hinab, die Gräfin mit den Frauen in's Schloß. Verwandlung.)

Vierter Auftritt.

(Marktplatz in Carcasonne. Großer steinerner Brunnen mit mehreren Röhren, vor deren jeder eine Wache steht. Männer, Frauen und Kinder drängen sich auf den Stufen, alle ein Trinkgefäß tragend; einige haben es unter die Röhren oder auf die Brüstung des Brunnens gestellt.)

Ein Knecht
(indem er sich vordrängt).

Weg da! Jetzt kommt's an mich, ich warte schon eine ganze Stunde!

Eine Magd
(sich widersetzend).

Nichts da! Ich warte schon länger.

Knecht
(sie wegschiebend).

Will sie wohl, — sie freche Dirne!

Magd.

Was, der schimpft auch noch!

Knecht.

Weg, sage ich, oder ich brech' ihr den Arm entzwei.

Eine Frau.

Die Magd hat Recht, sie war zuerst da.

Einige Andere
(ziehen ihm das Gefäß weg).

Runter mit der Butte!

Wache.

Gebt doch Ruhe, Leute! Ihr kommt Alle d'ran, aber eins nach dem andern, und die Frauen und Kinder zuerst, — so lautet der Befehl.

(Während sie noch streiten, ertönt ein Glöcklein, und man sieht im Hintergrund einen Meßner mit Chorknaben über die Bühne gehen, welche ein großes Kruzifix und ein Weihrauchfaß tragen, ihnen folgt ein Dechant mit silberweißem Haar, die Monstranz tragend.)

Frau.

Stille! Dort kommt der Dechant mit dem Leib des Herrn, Einem die heil'ge Wegzehrung zu reichen. Macht Platz, ihr Buben, Platz!

Dechant
(bleibt im Vorübergehen einen Augenblick stehen).

Gelobt sei Jesus Christus!

Einige aus dem Volk
(zum Theil niederknieend, zum Theil ihm die Hand küssend).

In Ewigkeit, Amen!

Dechant.

Ja, denkt nur an die Ewigkeit! Keiner weiß, wann seine Stunde kommt, d'rum laßt uns Alle bereit sein! Die Zeit ist schwer. Des Herrn Hand züchtigt uns für unsre und die Sünden unsrer Väter. Murret nicht! Verzaget nicht! Schützt euer Recht und eure Stadt, haltet zu eurem Fürsten und vertraut auf Gott, — er wird es wohl machen!

(Er entfernt sich segnend mit Meßner und Chorknaben.)

Frau.

Ein frommer Herr, das muß man sagen; wenn nur alle so wären, wie der.

Alter Mann
(an einer Krücke.)

Ihr habt recht, Frau, das ist noch einer aus meiner Zeit, aus der guten alten Zeit, wo man nichts wußte von Spioniren und Denunziren. Aber die sind rar geworden!

Die jungen Herren sind alle aus der Art geschlagen; die meinen, weil sie eine Glatze da oben haben, seien sie mehr als wir Andern. Gott sei's geklagt! Die Priester sterben aus, — jetzt regieren die Pfaffen!

Ein Bürger
(von der Seite kommend, im Gespräch mit andern).

Was wird das noch werden! Die Leute erdrücken sich fast, um einen Tropfen Wasser zu kriegen, und das läuft so langsam aus den Röhren heraus, als fürchte es sich, getrunken zu werden.

Zweiter Bürger.

Das haben wir davon! Wären die Vorstädte noch unser, dann könnte man sich noch helfen, aber die verfluchten Römischen! Wenn's nicht heute noch regnet, können wir uns morgen in die Pfützen legen und von den Fröschen und Unken lernen, wie man den Durst löscht.

Erster Bürger.

Ja, und wenn's nur der Durst allein wär'. Aber Durst und Hunger, und die Kranken und die Sterbenden dazu.

Zweiter.

Ich hab's immer gesagt, — diese fremden Mitfresser, — hätte man sie hinausgewiesen, hätte man sie gar nicht reingelassen. Aber unser Graf ist zu gut, und jetzt haben wir's.

Erster.

Respekt vor dem Grafen! Der hat ein Herz für die Menschen! Aber wahr ist's, wenn er Einsicht hat, und wenn er's ganz gut mit uns meint, — es wäre Zeit, daß er Frieden machte!

Alter Mann.

Das mein' ich auch. Frieden soll er machen. — Gezeigt hat er's ihnen, daß er sich nicht Alles gefallen läßt, daß er sich wehren kann; seine Ehre hat er gerettet, und wenn er jetzt nachgibt, werden sie wohl mit sich reden lassen.

Zweiter.

Den Frieden, ja, den halte auch ich für's Beste. Aber diese Römischen, ich weiß nicht, sie können unsern Grafen schon lange nicht leiden, und ich fürchte, ich fürchte, sie geben nimmer nach, bis sie ihn ganz zu Grunde gerichtet!

Frau.

Drum sage ich, kein Friede, keinen, und müßten wir verhungern und verdursten!

(Es entsteht neuer Lärm am Brunnen. Eine Mutter, den Säugling an der Brust, drängt sich an eine Röhre.)

Mutter
(in höchster Verzweiflung).

Gebt mir zu trinken, — um's Himmelswillen! — mein Kind es stirbt mir, es verschmachtet!

Frau
(ihr Wasser reichend).

Da habt Ihr, trinkt, trinkt!

Mutter.

Gott lohn's Euch! — Wie das wohlthut. (Indem sie ängstlich auf ihr Kind blickt.) O, Himmel, — es ist zu spät!

(Sie sinkt mit ihrem Kind auf die Stufen nieder. — In diesem Augenblick tritt Raymund auf, begleitet vom Bürger-Consul und einigen Stadträthen und Rittern.)

Fünfter Auftritt.

Vorige. Raymund. Saissac. Cabaret. Consul. Stadträthe.

Consul.

Da sehet selber!

Ein Bürger.

Hoch Graf Raymund!

Andere Bürger.
(ihre Mützen schwenkend.)

Hoch! hoch! hoch!

Raymund.
(ihnen abwehrend).

Was hat die Frau?

Die Mutter
(indem sie sich halb erhebt).

Jetzt hab' ich nichts mehr! — Alles,
Was ich besessen, war mein Kind. Ich hab's
An meiner Brust getränkt, bis selber ich
Vor Durst und Hunger fast verschmachtet! — Jetzt
Ist's todt!
(Sie legt ihr Kind dem Grafen vor die Füße.)
Da habt Ihr's! — Eine welke Blume,
In Euern Ruhmeskranz zu flechten!
(Sie nimmt es wieder und drückt es an ihre Brust.)
Süßes Kind!
O schlag' nur einmal noch dein Auge auf,
O, nur ein einzig Mal! — Umsonst! umsonst!

Raymund
(auf's Tiefste ergriffen).

Mein Herz fühlt mit Euch, — stehet auf! Ich kann
Vom Tode nicht erwecken, und Ersatz
Für theures Leben kann die Welt, ich weiß,
Gewähren nicht; doch Alles, was Ihr wünscht, —
Was Linderung dem Mutterschmerz kann geben
Es soll Euch werden, nehmt mein Wort!
(Er ergreift die Hand des Consuls).
Ihr habt
Nie eine Thrän' in meinem Aug' gesehn,
Doch dieser Mutter Schmerz erpreßt sie mir.

Consul
(wirft sich Raymund zu Füßen).

O, güt'ger Fürst! Laßt's Euch ein Zeichen sein,
Gesandt vom Himmel! — Treu gehalten haben

Wir Bürger unser Wort, zu jedem Opfer
Für Eure und für unsre eigne Sache
Bereit. Ein Gang durch unsre Stadt hat Euch
Bewiesen, daß die Noth aufs Höchste ist
Gestiegen! D'rum auf meinen Knieen fleh' ich,
Im Namen Eurer Stadt und Eurer Bürger,
O, machet Frieden! — Wollt nicht, was unmöglich, —
Nicht zur Verzweiflung treibet!

Rathsherren
(ebenfalls knieend).

Frieden! Frieden!

(Die andern Umstehenden bilden Gruppen, welche mit ausgestreckten Händen, einzelne ebenfalls knieend, den Bittenden zustimmen; der Himmel beginnt sich zu röthen vom Brande der Vorstadt.)

Rufe hinter der Scene.

Feuer! Feuer! — Wir verbrennen!

(Man sieht eine Anzahl Bürger, indem sie "Feuer" rufen, über den Marktplatz stürmen, die Feuerglocke ertönt und die am Brunnen Stehenden stäuben nach allen Seiten auseinander. Die Rathsherren sind aufgestanden, unschlüssig, wohin sich wenden.)

Raymund.

Bleibt ruhig, Freunde, 's ist die Vorstadt nur, —
Ich selber gab Befehl, sie anzuzünden;
Das Feuer hält die nächsten Stunden uns
Den Feind vom Leibe.

(Im Hintergrund eilen eine andere Anzahl Bürger über die Bühne. Cabaret kommt und spricht unter Zeichen höchster Aufregung mit Raymund.)

Raymund.

Alle Teufel! Das
Ist Aufruhr, ist Empörung!

Cabaret.

Ausgelacht
Haben die Bürger mich; all' meine Worte,
Meine Bitten und mein Drohen war umsonst!

Raymund.

So will ich selbst —

Cabaret.
Es ist umsonst! — Und sähst du,
Wie ausgehungert —

Raymund.
Aufruhr und Empörung! —
Ich werde zwingen sie, — mit Peitschen treib' ich
Sie auf den Feind —

Saissac.
Wenn mir ein Wort gestattet, —
Treib's weiter nicht! — Das Glück ist dir nicht hold,
Und sich dem Unglück fügen, schändet nicht
Den Tapfersten! Ergebung in —

Raymund.
Sprich nichts
Mir von Ergebung!

Consul.
Denket, bester Graf,
An uns're Weiber, uns're Kinder!

Raymund.
Weiber
Seid Alle ihr! — O, warum ist's dahin
Gekommen!
(In gereiztem Tone.)
Laßt allein mich!
(Die Umstehenden treten einige Schritte zurück, in gespannter Erwartung nach Raymund blickend.)
Warum bin ich
Nicht ganz allein, — ich und mein Schwert! — Und wär's
Der schrecklichste, — eher den Tod, als an
Ergebung nur zu denken! — Dafür all'
Die Qual, der Hohn, der Jammer und der Fluch!
Ergebung? — Ich? — Und doch, je mehr mein Sinn sich
Darob empört, — je mehr mein Denken sich
Damit beschäftigt, schleicht verstohlen wie

Ein Dieb der Vorwurf bei mir ein, daß ich
Zu wenig denke an die Andern, — nur
An mich. — Was mir zuerst wie Feigheit schien,
Erscheint als Pflicht mir, als Nothwendigkeit!
Nothwendigkeit? — Sie haben mir's gelobt,
Treu auszuhalten. Ihre eig'ne Sache
Ist's, die ich führ'; — ihr Recht, ihr Land, ihr Alles
Steht auf dem Spiel, und wer auf's Recht verzichtet,
Verzichtet auf sich selbst! — Und diese Römer!
Ein Thor, der glaubt, bei ihnen sei Vergebung!
Und wär' es selbst, — es ist zuviel geschehen,
Zuviel des Bluts geflossen! Niemals werden
Sie das vergeben. — Werden? — Dürfen sie?
Ruht Bann und Fluch auf meinem Haupt nicht? —
                                                    Eins
Nur sehe ich als letzte schwache Hoffnung, —
Wie, — wenn ich mich —

(Von einem plötzlichen Gedanken ergriffen.)

Ich hab's!

(Freudig entschlossen zu den Umstehenden.)

Beruhigt Euch.
Ich geh' in's röm'sche Lager —

Cabaret
(einfallend).

Niemals! Niemals!

Raymund.

In's röm'sche Lager, und dreihundert Ritter
Begleiten mich durch unf'rer Feinde Posten, —
Sie bürgen Euch, daß man kein Haar mir krümmt.

(Die Umstehenden verrathen Freude und Besorgniß zugleich; Raymund ergreift die Hand des Consuls.)

Ihr sorgt mir für die Stadt, — und nun mit Gott!

(Alle ab. Verwandlung.)

Sechster Auftritt.

(Das Feldherrnzelt in Montfort's Lager. Der Legat sitzt am Tische rechts, hinter ihm die zwei Dominikanermönche; am gegenüberstehenden Tische steht Montfort; hinter ihm Foix, Toulouse, Burgund.)

Der Legat. Montfort. Foix. Toulouse. Burgund.

Montfort.
(zu Burgund).

Sag' ihm, er soll mit eines Fürsten Ehren
Empfangen werden. Die dreihundert Ritter,
Die ihn begleiten, bleiben an dem Eingang
Des Lagers; zwölf davon gestatte ich
Ihm mitzubringen in das Zelt. Er komme
Vertrauend meinem Wort; ich bürge ihm
Für sichre Rückkehr zu den Seinen.

(Burgund ab).

Der Legat
(für sich).

                Bürg'
Oder nicht, — bei Ketzern sind wir an kein Wort
Gebunden.

(Aufstehend, und halblaut zu Montfort.)

    Graf, die Sache ist zu ernst,
Um Worte viel zu machen; Raymund ist
In Acht und Bann, — sein Leben ist verfallen —
Drum macht es kurz —

Montfort
(gereizt).

           Was Euch, dem Priester, ziemt,
Das frag' ich nicht! — ich hab' als Feldherr hier
Ihn zu empfangen, — und wenn Euer Wort
So feil Euch ist, — darauf verlasset Euch! —
Das meine werd' ich halten!

Der Legat
(mit durchbohrendem Blick).

Auch wenn Ihr
Euch selbst dadurch der Kirche Fluch zuziehst?
Wer Ketzern hilft, sie schont, sie gar begünstigt,
Fällt selbst in Bann.

Montfort
(entwaffnet).

Schlau habt Ihr's eingerichtet,
Das muß man lassen euch. So wären mir
Gebunden meine Hände?

Der Legat.

Nur zum Vortheil für
Euch selber.
(Mit Schlangenglätte.)
Könnt Ihr leichtern Kaufes denn
Zu seinem Land, zu seiner Grafenkrone
Gelangen, als der Zufall jetzt Euch bietet?
(Burgund kommt zurück.)

Burgund.
Graf Raymund von Beziers!
(Allgemeine Bewegung. Am Eingang des Zeltes nehmen zwei Ritter Platz als Ehrenwache.)

Der Legat
(schnell).

Er komme!
(Zu Montfort.)
Euch
Den Wortbruch zu ersparen, laßt, ich bitte,
Mich mit ihm reden!

Montfort
(finster vor sich hinschauend).

Thut denn, was Ihr müßt, —
Ich wasche meine Hände.

Siebenter Auftritt.

(Raymund, mit zwölf Rittern, tritt ein, unter ihnen Cabaret; diese stellen sich im Hintergrunde auf. Montfort geht ihnen einen Schritt entgegen; der Legat bleibt unbeweglich an seinem Tische. Erwartungsvolle Stille.)

Raymund
(ist bis in die Mitte getreten, bald auf Montfort, bald auf den Legaten blickend).

[für sich]. Der Empfang
Deutet nichts Gutes mir. (laut) Ich grüße Euch,
Auf Euer Wort vertrauend.
(Indem er auf Foix und Burgund zugeht und ihnen die Hand reicht.)
Alte Freunde
Zu treffen hier erfreut mein Herz. Ich bin
Kein Anderer geworden, — nur mein Recht,
Mein gutes, gab das Schwert mir in die Hand.

Der Legat.
Was Euer Recht Ihr nennt, Graf Beziers,
Das ist verwirkt, weil ihr das Schwert gezogen.

Raymund.
Verwirkt? Ich komme, Frieden Euch zu bieten,
Ich strecke hoffend Euch die Hand entgegen,
Daß Ihr die Eure legt versöhnt in meine, —
Und das ist Euer Gruß?

Der Legat.
Den Frieden könnt
Ihr haben, — zur Versöhnung ist's zu spät.

Raymund.
Ihr mißversteht mich. Nicht für mich hab' ich
Den Schritt gethan, — für meine Stadt fleh' ich,
Für meine Bürger um Vergebung!

Der Legat.
              Die
Gewähren wir, doch nicht so unbedingt, —
Auf Gnade nur — und Ungnad'!

Raymund
(nach seinem Schwert greifend).
                    Hör' ich recht? —
Auf Gnad' und Ungnad'?

Der Legat
(trocken).
         So ist's fest beschlossen.

Raymund
(zu Montfort).
Und Ihr, Graf Montfort, der Ihr besser als
Die Priester Euch auf's Kriegshandwerk versteht,
Der selbst geseh'n, wie meine treue Stadt
Mit Todesmuthe sich vertheidigt, — auch
Ihr stimmet zu?
(Montfort steht abgewandt und beharrt in finsterm Schweigen.)

Raymund.
          Ihr schweigt? — So habt Ihr Euch
Des Feldherrnrechts begeben? — So ist's wahr,
Was alle Welt Euch nachsagt? — Um den Preis
Des Sieges Euch zu sichern, habt dem Priester
Ihr abgetreten Euern Feldherrnstab,
— Und Eure Ehre?
                So vernehmt denn Beide:
Die Haut laß ich von meinem Leib mir ziehen
Viel eher, als daß der Geringsten einen
Von meinen Bürgern Eurer Gnade ich
Vertraue! Meinetwegen haben sie
Sich in Gefahr und Noth gestürzt. Die Schmach,
Euch preiszugeben sie, die Feigheit, nein,
Die lad' ich nicht auf mich. Habt Ihr nichts Bessres
Zu bieten mir, — dann laßt mich schnell zurück!

Der Legat
(mit eisiger Kälte).

Auf Gnad' und Ungnad'! Daran ändert Ihr
Mit Euren Worten nichts.
(Er winkt einen Hauptmann Montforts zu sich und gibt ihm einen Auftrag; dieser entfernt sich.)

Raymund
(seine Aufregung bezähmend).

Nichts? — Nichts? — O dann
Höret mein letztes Wort! — Mein armes Weib,
Mein süßer Knabe, — werdet ihr's vergeben? —
Was meine Bürger, was die Stadt verbrochen
In Euren Augen, — mein und mein allein
Ist ihre Schuld. Drum übt Gerechtigkeit!
Vergebt, vergeßt, verzichtet auf die Rache
An denen, die nicht schuldig! Mich allein,
Mich ganz allein treff' Eures Zornes Wuth!
Hier steh' ich, — macht mit mir was Euch beliebt,
Verbrennt, zerstückt mich, doch erlaßt die Schuld
Der Stadt und meinem Lande!

Cabaret
(vortretend).

Nimmermehr!
Das wär' zuviel!

Der Legat.

Also Ihr weigert Euch?
Ihr weist zurück, was wir Euch bieten?

Raymund
(dringender).

Mich
Nehmet als Opfer an!

Der Legat
(gespannten Blickes nach dem Eingang sehend, wo eben der abgesandte Hauptmann wieder eintritt).

Ihr trotzet stolzen Sinn s?

Raymund.
Vergebung meinen Bürgern, — nicht für mich!
Der Legat.
So habt denn Euren Willen!
(Zu dem Hauptmann.)
Hauptmann, thut,
Was Euch befohlen!
Hauptmann
(zu Raymund tretend).
Graf von Beziers,
Ich fordre Euer Schwert, — Ihr seid gefangen,
Und diese mit!

(In diesem Augenblick treten eine große Zahl Bewaffneter ins Zelt, welche, die Ritter Raymunds einschließend, sich im Hintergrund aufstellen, und vor dem Zelteingang erblickt man noch andere. Raymunds Ritter greifen an ihr Schwert, einige ziehen es; unter Montforts Vasallen entsteht eine große Bewegung und auch sie ziehen ihr Schwert.)

Raymund
(indem er an sein Schwert greift.)
Mein Schwert? — O, alle Himmel!
(Zu Montfort tretend, der wie vernichtet dasteht.)
So haltet Wort Ihr? — Graf von Montfort und
Von Leicester, eines Königs Enkel, Karl's
Von Frankreich!

Foix
(ebenfalls auf Montfort zutretend).
Nein! Das geht zu weit!

Burgund
Das ist
Wider des Kriegs Gesetz und Ritterwort!
Das schändet Alle uns.

Raymund.
Die Rückkehr habt
Ihr mir und meinen Rittern feierlich
Verbürgt. O, Bubenstück, geplant von Pfaffen,
Und ausgeführt von Männern!

Montfort.

      Mäßigt Euch!
Ich bürgte, — doch dabei war insgeheim
Voraussetzung, Ihr werdet nicht —

Raymund.

       Wie? Was?
Voraussetzung, — Ihr werdet, — insgeheim, —
O, immer besser! — Also dahin schon
Hat Euch der Bund mit diesen hier gebracht!
Das Wort des Mannes, Eid, Gelübde gilt
Euch nur mit Wenn, — Sofern, nur wie es Euch
Beliebt, wie Euer Vortheil, Zeit und Umstand
Es heischen! Ei, Herr Graf, so reißt doch gleich
Das Banner, das Ihr führt, in tausend Fetzen,
Macht Euch ein anderes und schreibt darauf,
Daß alle Welt es wisse, wer Ihr seid:
Der Zweck heiligt das Mittel! — Doch wozu
Die Worte! Noch hab' ich mein Schwert, und sehen
Will den ich, der es mir entreißt!

Der Legat.

      Es stünde
Euch besser, jedem Widerstande zu
Entsagen. — Hauptmann!

Hauptmann
(vortretend).

     Zu Befehl!

Der Legat.

      Ihr steht
Mit Euerm Kopf für ihn! Bringt ihn und Jene
In sicheren Verwahr!

(Der Hauptmann tritt noch einmal zu Raymund, der sich einen Augenblick besinnt, und nachdem er die Zahl der Bewaffneten überblickt hat, sein Schwert abgibt, unter drohenden Bewegungen seiner Ritter.)

Raymund.
So nehmt's! Und Ihr,
Die guten Glaubens mir hieher gefolgt,
Ergebt Euch mit mir!
(Zum Legaten und Montfort, stolz.)
Keine Schande ist's,
Der Uebermacht zu weichen, — Schande trifft
Nur die Verräther!
(Im Abgehen zu Foix und Toulouse.)
Daß ich Euch bisher
In Feindeslager sah, das war das Schlimmste
Nicht, — daß Ihr aber Euer Ritterschwert
Ehrlosen leiht, das hätt' ich nie geglaubt.
(Alle ab, bis auf den Legaten, Montfort und seine Vasallen, die, von Raymunds Wort getroffen, ihre innere Empörung kaum zu bemeistern vermögen.)

Achter Auftritt.
Der Legat. Montfort. Foix. Toulouse. Burgund.

Der Legat
(zu Montfort).
Nun ist's an Euch, der herrenlosen Stadt
Euch zu bemächtigen; die Schätze,
Die darin aufgehäufet, theilen wir,
Und mir vergönnt, daß ich der erste sei,
Zum größten Schatz, — der neuen Grafenkrone —
Euch Glück zu wünschen, — Herr von Beziers
Und Carcasonne!

Montfort
(verlegen und mit Verstellung).
Laßt das! — Wohl hat mir
Der Papst — — doch diese Fürsten haben Anspruch,
Für ihre Hilfe, die sie mir gewährt,
Bei einer Wahl des neuen Landesherrn
Gehört zu werden.

Foir
(vortretend).

Greift nur zu! Greift zu!
Wozu Euch zieren! Meine Wahl hab' ich
Getroffen.
(Er wirft sein Schwert Montfort zu Füßen.)

Da! Nehmt zu der Grafenkrone
Auch noch dies Schwert! — Ich neid' Euch nicht das Glück,
Doch unf're Wege geh'n jetzt auseinander.
(Rasch ab.)

Burgund.
Auch ich sag' los mich von dem Länderraub,
Von Plünderung, von Treubruch und Verrath,
Und wie ich hier mit eigner Hand mein Schwert
In Stücke brech', so sei zerbrochen, was
An Euch mich fesselte!

Montfort
(auf's Höchste betroffen).

Was ist das? Wie?
Habt Ihr vergessen, — und auch Ihr, Burgund?

Burgund.
Ich eil' auf meine Schlösser, sie zu schützen,
Daß nicht auch sie, als herrenloses Gut,
Wie dieses, wandern in der Kirche Magen.
(Er eilt Foix nach.)

Der Legat
(zu Montfort).

Und Ihr laßt gehn sie? haltet sie nicht auf?

Montfort.
Die kennt Ihr nicht! Ich sah's schon lange kommen,
Und das ist Euer Werk! Dahin habt Ihr's
Gebracht. Den Einen haben wir, die Andern
Verlassen uns. — Ob ich sie noch beschwöre?
Versuchen will ich's, doch ich zweifle dran.
(Schnell ab.)

Neunter Auftritt.

Der Legat allein mit den beiden Dominikanermönchen.
Später Sarah.

(Nach Montforts Weggang hört man vor dem Zelt Lärmen.)

Der Legat.

Was mußt' ich seh'n, was hören! Soweit schon
Hat dieses Gift der Rebellion gefressen?
Sie alle künden auf! Wo soll das hin!
Ich muß nach Rom es melden.
(Zu einem der Dominikaner.)
Machet Euch
Bereit, Herr Pater!
(Er setzt sich an den Tisch und schreibt.)
Dieses Schreiben bringt —
(Der Lärm vor dem Zelt wird stärker.)
Was deutet dieser Lärm?

Wache
(tritt ein und nähert sich dem Legaten).

Ein Judenweib,
Das Keiner von uns kennt, verlangt zu Euch,
Sie hab' Euch Wichtiges zu sagen.

Der Legat
(betroffen).
Mir?

Sarah
(noch vor dem Zelte).

Laßt mich, — ich muß, ich muß ihn sprechen!
(Sie hat sich durch die Wachen hindurchgedrängt und eilt mit aufgelösten Haaren auf den Legaten zu, der sie sofort erkennt und seine innere Bewegung gewaltsam zu verbergen sucht.)

Der Legat.
Ha!
Verwegene! Was suchst du hier?

Sarah
(mit gestörtem Blick).

Dich, dich
Allein! Entferne diese!
(Da der Legat zögert, mit umso drohenderer Miene.)

Hörst du? Ganz
allein will ich dich sprechen.
(Der Legat gibt ihnen nach einigem Besinnen ein Zeichen, worauf sie sich entfernen.)

Sarah
(tritt ganz nahe vor ihn, zieht ein Medaillon aus ihrem Busen und hält es ihm vor die Augen.)

Kennst du diese?

Der Legat
(zuckt zusammen; für sich).

Ihr Bild!

Sarah
(dringender).

Ich frage, hörst du, kennst du diese?

Der Legat.
Was soll das? Weißt du, wer ich bin? Wahnsinnige!

Sarah.
Wahnsinnig? Ja, das bin ich, und — durch dich!
Und wer du bist, — ich weiß es nur zu gut.
Drum komm' ich her und klage laut dich an,
Daß bis zum Himmel auf des Wahnsinns Schrei
Soll dringen! Meine Mutter hast verführt du,
Meine Mutter hast im Elend du verlassen,
Meine Mutter hast durch Elend du getödtet,
Meine Heimath hast verbrannt du und verheert,
Mein Lebensglück hast du zerstört, — ersäuft
In Strömen Bluts das Glück von Tausenden!
Verführer! Räuber! Mörder!

Der Legat
(stößt sie von sich).

Weib, du rasest!

Sarah.

Die Löwin rast, wenn ihrer Jungen eines
Man ihr entreißt, es rast der Tiger, wenn
Des Pfeiles Spitze in dem Fleisch ihm steckt, —
Du hast mir mehr, hast Alles mir entrissen,
Du hast des Schmerzes Pfeil mir nicht ins Fleisch,
In meine Seele hast du ihn gestoßen, —
Drum will ich rasen, rasen wie die Löwin,
Und wie der Tiger! — S'ist ja jüdisch Blut, —
„Auge um Auge, Zahn um Zahn!" —

(Sie erblickt am Hals des Legaten das goldene Crucifix und spricht das Folgende in milderem Tone.)

         Sieh' da!
Mein großer Landsmann! — Wie er schlecht dir steht!
Gib mir ihn, gib!

(Sie nimmt halb bittend, halb mit Gewalt das Crucifix vom Halse des Legaten, indem dieser wie willenlos ihr selbst dabei behilflich ist, und hält es betrachtend in ihren beiden Händen.)

      Ja, ja! Wir Beide sind
Unglücksgenossen, — du und ich, — doch du
Hast ausgerungen! — Warum blickst du mich
Nicht an? — Bist du mir böse? — Wie verzerrt
Dein Mund ist! Eingefallen deine Wangen, —
Grab' wie die meinen! — Hast es gut gemeint,
O, nur zu gut! — Ein Himmelreich auf Erden,
Und Lieb' und Fried', und alle Menschen — Brüder!
Ha, ha, ha! — Jetzt tragen sie als Fahne dich
Voran zum Morden! Menschenschlächter schmücken
Sich ihre Brust mit dir!

(Zum Legaten, indem sie das Medaillon an ihrem Halse losmacht.)

       Wir wollen tauschen
Nimm das dafür. Ein Mund zum Küssen, — gelt?
Doch nein, — nimm's nicht! — Aus diesem Munde geht
Ein brennend Feuer. — Da, nimm deines wieder. —

(Sie gibt ihm das Crucifix und zieht ihren Dolch, nach ihm zu stoßen.)

Und das dazu!

(Der Legat fällt ihr abwehrend in den rechten Arm und hält ihn unbeweglich fest; indem er ihr scharf ins Auge sieht und ihre Blicke sich begegnen, mit weicherem Ton:)

Der Legat.

Sarah! Was thust du? Ja!
Ich bin dein Vater!

Sarah
(die mit Gewalt sich ihm zu entwinden sucht.)

Sarah? — Wer gibt Dir
Ein Recht, mich so zu nennen? Laß' mich,
Laß' meine Hand! — Die Taube in den Krallen
Des frechen Geiers! Deine Berührung schon
Macht mir das Blut erstarren. Wenn ein Teufel
Zu seinem Weibe mich verlangte, folgt' ich
Mit Wolluft ihm, dein Anblick aber macht
Mehr als ein Teufel Grau'n mir und Entsetzen!

Der Legat
(indem er mit Innigkeit sie an sich zu ziehen sucht).

Ich laß' dich nicht mehr. Höre mein Bekenntniß!
Hör' Alles, Alles, hör' mich und vergib! — Ja,
Ich liebte deine Mutter —

Sarah
(mit äußerster Anstrengung ihren rechten Arm losringend, den Dolch hoch erhoben, während der Legat sie noch am linken Arme hält und jede ihrer Bewegungen scharf verfolgt.)

Du, — und Liebe!
Darum in's Elend sie, — aus lauter Liebe!
Darum in's Elend ich, — aus nichts als Liebe!
Darum in's Elend dieses ganze Land!
O, warum bin ich nicht ein Mann! Warum
Wird meine Zunge nicht zum Dolch? Warum —
O, mein Verstand, — o Welt, — o Leben! — Gibt's
Denn keinen Ausweg?

(Der Legat, von einem Gedanken erfaßt, läßt plötzlich ihre Hand los und tritt einige Schritte zurück.)

Der Legat
(seine Arme ausbreitend).

Stoße zu denn, — stoß'!

Sarah
(im Begriff auf ihn einzudringen, hält plötzlich stille). [Für sich.]

Und doch — mein Vater?

Der Legat
(weich).

                Wenn ein letzter Rest
Von Mitleid, auch mit dem Verbrecher, dir
Im Herzen übrig, — hör' mich, — ehe du
Mich ganz verdammst!
       (Sarah steht unbeweglich, mit abgewandtem Gesicht.)
              Mir taucht bei deinem Anblick,
Mit deiner Stimme Ton die schönste Zeit —
Noch einmal auf aus meiner Seele Tiefe.
Glaub' meinem Wort, — ich habe deine Mutter —
Ich hab' geliebt sie, wie ein Menschenherz
Nur lieben kann. Der Himmel ist mein Zeuge!
Und deine Mutter liebte mich. Wir sahen uns,
Und mit dem ersten Blick geschlossen war
Der Seelen Bund. Doch, ach, — ich war — ein Priester,
Und — Jüdin sie. Bann und der ew'ge Fluch,
Der Tod selbst drohte uns nach dem Gesetz
Der Kirche und des Landes. So ward sie
Vom Herzen mir gerissen; — ihres brach
Der Schmerz, — die Scham; — ich aber, um zu rächen
An dieser Welt mich, die der Liebe Band
So herzlos trennte, — wurde Mönch, ich nahm
Das Kreuz und rief zum Ketzerzug, — mich sehnend,
In Strömen Blutes meiner Seele Schmerz zu
Ersticken!

Sarah
(die Hände ringend).

      O, gerechter Gott!

Der Legat
(finster).

                Ich weiß,
Man flucht mir, — weiß, ich hab' gefehlt, weiß auch,
Das Alles hilft mir nichts. Könnt' ich mit Ketzern
Das ganze Meer ausfüllen, hier, — hier bleibt
Ein Raum zurück, der ewig, ewig leer! —

Nur Ein's, das fühl' ich, Eines kann allein
Mir Friede geben —
(macht einen Schritt auf Sarah zu.)

Sarah, — Kind, wenn Du
Wenn Du, — o hab' Erbarmen! — sieh' mich hier
Zu deinen Füßen —
. (er wirft sich vor ihr nieder.)
wenn ein einzig Wort
Du aussprichst, — o, mein Kind, das eine nur:
Vergebung!

Sarah
(in furchtbarem Kampfe).

Großer Himmel!

Der Legat.
Kind, — Vergebung!

Sarah.
Vergebung — dir?

Der Legat.
Dem Vater!

Sarah.
Niemals! Niemals!

Der Legat
(dringender).

Ich werfe ab das Priesterkleid, — wir fliehen,
Wo andre Menschen sind, — in fernes Land,
Wo Niemand kennt uns. Dort will ich ein Vater,
Ein guter Vater Allen sein. Wir suchen
In niedern Hütten Noth und Armuth auf,
Wir trocknen Thränen, — Alles mach' ich gut;
Drum sprich es aus, — das eine Wort, und laß, —
O laß uns fliehen!
(er sucht ihre Hand zu erfassen.)

Sarah
(ihn zurückweisend).

Fliehn mit dir? Hinweg!
(Der Legat steht auf.)
Faß' mich nicht an!
(Ihr Blick fällt auf den Dolch in ihrer Hand, den sie geisterhaft betrachtet und mit beiden Händen vor sich hin hält.)
Ja, ja, — ich komme!
(Sie stößt sich den Dolch in die Brust und sinkt dem Legaten in die Arme.)

Der Legat
(voll innigster Theilnahme.)

Was haft du gethan!

Sarah
(mit matter Stimme).

Ich fliehe, — doch — mit ihm!
Nur weiter, — immer weiter, — deinen Arm, —
Bald sind wir auf der Höhe. — Pflücke mir —
Die Blumen dort, — Geliebter, — o, wie schön, —
Wie schön sie sind, — ganz anders; — will zum Kranz,
Zum Brautkranz sie mir winden. — Steht er mir?

Der Legat
(für sich).

Mit wem nur spricht sie?

Sarah
(verklärt gen Himmel blickend.)

O, Geliebter, — jetzt, —
Jetzt — sind wir oben. — Wie so leicht — mir wird!
Ich fühle unter mir den Boden weichen, —
Wie eine Wolke trägt es mich empor, —
Die Erde flieht, — ein Berg von blut'gen Leichen! —
Und mich empfängt der Sterne sel'ger Chor!
(Mit sterbender Stimme.)
O, seid gegrüßt! — In euren lichten Strahlen
Zerfließen sanft des Lebens herbste Qualen.
(Sie stirbt.)

Der Legat.

(Er läßt Sarah langsam auf den Boden niedergleiten und hält sie halb knieend in seinen Armen.)

Todt! Todt auch sie! — Das ist des Himmels Straf'
Für meine Schuld! — Ihr ist die Nacht gelichtet, —
Ich bleib' zurück, — verwünschet — und gerichtet!

(Er bricht über der Leiche zusammen, und mit ihm fällt der Vorhang.)

Fünfter Aufzug.

Erster Auftritt.

(Das Feldherrnzelt Montforts; Wachen am Eingang. Montfort tritt in großer Aufregung herein.)

Montfort. Hauptmann. Später noch einer.

Montfort.
Sie hören nicht, — es ist umsonst! — Die sind
Für uns verloren!
(Ein Hauptmann tritt ein, der einen Brief übergibt.)
Laßt in Ruhe mich, —
Ich will nichts wissen mehr!

Hauptmann.
Es habe Eile.

Montfort.
So gib! (Er liest.) Ist denn die Hölle los? — Wer gab
Den Brief dir?

Hauptmann.
Graf Narbonne, der unser Fähnlein
Führt; einem Bauern ward er abgenommen, —
Der Bauer ist gefangen.

Montfort.
Hängt ihn auf!
Hörst du? Sogleich!
(Hauptmann ab.)

So nah' an meinem Ziele,
Und unter mir fühl' ich den Boden wanken,
Als wolle mir des Sieges hoher Preis
Gleich einem Dunstgebild entschwinden! —
(Er blickt noch einmal in den Brief.)
Ist
Es möglich denn? — Das ist der Drache, den
Ich todt gewähnt! Er wird lebendig wieder!
Die Städte und die Bauern schlug ich; — jetzt
Erheben sich die Fürsten, — alle rings; —
Sie senden Boten durch das ganze Land,
Zum Aufstand rufend! Höll' und Teufel! — Wenn ich
Das Feuer im Entstehen nicht ersticke,
Soviel ist klar mir, daß ein Brand es wird,
Der Alle uns und Rom's gewalt'gen Bau
Vernichtet! — Darum ohne Zaudern! Der
Legat hat Recht, — hier hilft nur eiserne
Und höchste Strenge, — Furcht und Zittern! — Sei's!
Sie sollen zittern! *(Zur Wache.)* Deinen Hauptmann ruf'!
(Die Wache entfernt sich.)
Ich hoffe, mein Befehl ist ausgeführt.
(Ein anderer Hauptmann, gefolgt von der Wache, tritt ein.)

Montfort
(zum Hauptmann).

Tritt näher! Die Gefang'nen, — ist's gescheh'n?

Hauptmann.

Wie du befohlen! — Von Graf Raymund's Rittern,
Dreihundert, die begleitet ihn, und aus
Der Stadt — mit Weibern und mit Kindern —
Einhundert sind, — die einen aufgehängt,
Verbrannt die andern!

Montfort.
(finster brütend).

Nun bleibt Eines noch!
Raymund war uns gefährlich, als im Kampf,
Im offnen, er die Stirn mir bot; — gefährlicher

Ist er im Kerker! Mitleid und der Wunsch,
Ihn zu befrein, erregt uns neue Feinde.
Wer steht mir, daß nicht selber er vom Kerker
Aus Wege findet, an dem Aufruhr mit
Zu schüren? Wer verbürgt, daß er an dem,
Was schon geschehen, ohne Schuld? — Wie ich's
Bedenke, — hier hilft eines nur, — Raymund
Muß sterben! —
(Zum Hauptmann, indem er sich an den Tisch setzt.)
Hauptmann!

Hauptmann.
Ihr befehlt?

Montfort.
Wer hat
Die Kerkerwache bei dem Grafen?

Hauptmann.
Ein
Gascogner Ritter.

Montfort
(schreibend).
Ist er treu und muthig?

Hauptmann.
Ich stehe für ihn.

Montfort.
Bring' ihm diesen Brief,
Und sage, daß auf meinen höchsten Dank
Er rechnen soll. (Hauptmann ab.)

Montfort
(steht auf).
Jetzt ist der Stein hinweg,
Der letzte, der mir auf der Seele lag, —
Und jetzt erst bin in Wahrheit ich der Herr
Von Beziers und Carcasonne.
(Verwandlung.)

Zweiter Auftritt.

(Raymund's Kerker, von einer an der Decke hängenden Lampe matt erhellt. Raymund liegt schlafend auf einem Lager, neben welchem ein kleiner Tisch steht. Der alte Kerkermeister tritt gerade herein und verschließt die Thüre; er trägt ein Trinkgefäß von kunstvoller Arbeit und ein silbernes Körbchen mit Blumen und Orangen.)

Kerkermeister.

Er schläft noch! — Wird er schauen, was ich ihm
Zum Morgenimbiß bringe! — Wie das duftet! —
Doch sonderbar! Der Ritter, der mir das
Gegeben hat, — was sagte er? Die Gräfin, —
So soll ich sagen, schicke die Orangen,
Sie selber habe diese eine schon
Ihm zubereitet? Doch, was sagt' er noch?
Wenn selber ich von den Orangen esse,
Das sei mein Tod. — Mein Tod? — Das heißt,
Laß, Alter, nicht gelüsten dich, es ist
Verboten dir.
(Nimmt eine noch unaufgeschnittene Orange aus dem Körbchen.)
   Was gäb' ich, wenn mir Einer
Doch sagte, ob der Apfel, den die Eva
Dem Adam gab, so aussah? — Laßt Euch nicht
Gelüsten, hieß es damals auch. Kein Wunder,
Daß sie nicht hörten. Rothe Lippen sind
Zum Küssen da, — wer will's verwehren? — Doch
Bedenk' ich's recht, in dem Befehle steckt
Auch noch ein andrer Sinn. Das sei mein Tod?
(Er riecht an der Orange.)
Gerechter Himmel! Nein! — Es kann nicht sein.
Das ist mein alter Kopf, — dumme Gedanken!
(Legt sie wieder in's Körbchen.)
Wozu das Grübeln? All' mein Lebtag hab' ich
Gethan, was mir befohlen.
(Er stellt das Trinkgefäß und das Körbchen auf den Tisch neben Raymund's Lager.)
      Wohl bekomm's!
(Er hat sich kaum vom Tische entfernt, als er noch einmal nachdenklich stehen bleibt.)
Und doch, — mir ist, — ich weiß nicht —

Raymund
(im Schlafe sprechend).

O mein Weib!
Mein Kind, mein süßer Knabe!

Kerkermeister.

Hab' ich ihn
Geweckt?

Raymund
(erwacht und richtet sich auf, seine Hände in Fesseln.)

Es war ein Traum! — Du, guter Alter?
(Er erblickt das Körbchen.)
Was seh' ich! Welche güt'ge Fee hat mir
Den Morgengruß gesandt?

Kerkermeister
(treuherzig).

Frau Gräfin selber
Schickt Euch das Körbchen, — hat mit eig'ner Hand
Euch die Orange schon zurecht gemacht.

Raymund
(nimmt das Körbchen in die Hand).

Es ist das Körbchen, das ich ihr erst jüngst
Geschenkt hab' am Agnesentage.
(er nimmt die zubereitete Orange.)

Dank!
Hab' Dank, mein treues Weib! Aus deiner Hand
Wie schmeckt das doppelt süß! Die Nacht war heiß,
Wie wohl thut mir die Kühlung!
(er steht auf, nachdem er das Körbchen auf den Tisch gestellt.)

Im Gefängniß!
Ich, im Gefängniß, — und in Ketten! Wo
Sind meine Freunde, meine Krieger, wo ist
Mein Schwert? — So ist denn Alles, Alles hin? —
Umsonst mein Kampf, — umsonst mein ganzes Leben?
O, hätt' ich Euch nur! Hielt in meinen Armen

Ich dich, mein Weib, — o säßest du, mein Knabe,
Mir auf den Knieen! — Im Gefängniß!
(er stampft auf den Boden.)
Alter!
Wie noch kein König will ich dich beschenken,
— Hilf mir zur Freiheit, hilf zur Flucht mir! Diese
Mauern ersticken mich! Ich muß hinaus,
Hinaus in Kampf und Tod! O, laß uns säumen
Nicht einen Augenblick!

Kerkermeister.
Faßt Euch, o Herr!
Wenn ich auch wollte, — und ich bin Euch gut! —
Ihr wißt ja selbst, aus diesem Thurme gibt
Es keine Rettung.

Raymund.
Keine? Du hast Recht.
Das ist der Thurm, in dem mein Vater einst
Den Bischof von Albi verwahret hielt,
Als Geisel für gefang'ne Ketzer. — Keine
Rettung! — Und was sie sinnen, was sie mir
Als Schicksal zugedacht, — weißt du auch davon
Nichts? Oder doch? O, rede, sprich! Nichts ist
So unerträglich, nichts so sinnverwirrend
Als diese Ungewißheit, dieses Hangen
Zwischen Furcht und zwischen Hoffnung! — Vor dem Tode
Banget mir nicht; — ich hab' im Schlachtgewühl
Ihm oft in's Aug' geschaut, wovor mir bangt
Das ist die Bosheit dieser Römer, daß —
Indem sie hier mich in dem Kerker halten,
Auch meine Bürger sie das büßen lassen,
Was ich gethan.

Kerkermeister.
Darüber, guter Herr,
Macht keine Gedanken Euch, — das ist ja schon
Vorüber.

Raymund
(erschrocken).

Was — vorüber? Rede! Rede!

Kerkermeister.

Die Schätze, die sie in den Häusern fanden,
Schleppten zusammen sie, — darauf verstanden
Am besten sich die Mönche des Legaten! —
Was sich nicht flüchten konnte aus der Stadt,
Weiber und Kinder, und von Euren Rittern
Dreihundert, die mit Euch in's Lager kamen,
Die sind verbrannt und aufgehenkt, so hat
Montfort befohlen.

Raymund
(vor Wuth mit seinen Ketten klirrend).

Ew'ger Himmel, sag' mir's
Noch einmal, denn du lügst! Die Weiber und
Die Kinder selbst — verbrannt — gehenkt?

Kerkermeister.

Die Wahrheit, Herr!

Raymund.

Und Cabaret, auch er?

Mein treuer Freund?

Kerkermeister.

Auch er.

Raymund.

Und ich, — ich stehe
Hier, — und gefesselt! Meine Arme zucken,
Ich möchte an ihn, diesen Henkersknecht,
Den edlen Grafen, der mein Land geraubt,
Den frommen Priester, der Te Deum singt, —
Und bin gefesselt! — Laß mich! — Laß mich! — O! —
Wie wird mir!

(Er wankt und stützt sich auf den Kerkermeister.)

Kerkermeister
(in höchster Angst).

Herr, was ist Euch? Ihr erblaßt!

Raymund.

Zum Lager, — führ' zum Lager mich! Die Füße
Werden mir schwer, — mein Kopf — mir schwindelt! O!
O, wie das brennt!
(Der Kerkermeister hat ihn an's Lager geführt und Raymund sinkt darauf hin.)

Kerkermeister
(nimmt, zitternd vor Angst, das Körbchen und hält es Raymund hin.)

Nehmt einen Bissen noch, —
Das wird Euch kühlen!

Raymund
(von plötzlicher Ahnung ergriffen, schleudert das Körbchen auf den Boden).

Weg mit! Weg! — Was hast
Gethan du? — Die Orange! — Weh! — Du hast
Vergiftet mich!

Kerkermeister.
O allbarmherz'ger Gott!
Ihr redet irre! Meine Seele soll
Des ew'gen Heil's verlustig sein, wenn ich —

Raymund.
Nein! Nein! — Du nicht, — du warst das Werkzeug nur —
Laß deine Hand mir, — halte mich, —

Kerkermeister.

Ihr thut
Mir Unrecht, — redet's Euch nur ein!

Raymund.
Verbrannt! Gehenkt! Vergiftet! — Alles nur
Zur größern Ehre Gottes! — Guter Alter!
Du kennst die Menschen nicht; du bist nicht über
Die Schwelle hier hinausgekommen. — Glaub' mir,
— Ich fühl's, — es geht zu Ende, — ja, — zu Ende!
(Sich etwas aufrichtend.)
O Uebermaß von Lug und Trug! — In Blumen,
Als wär's der treusten Liebe reinste Gabe,

Reichen sie Gift mir! Meines Weibes Namen
Mißbrauchen sie! O feige Niedertracht, —
Der nichts mehr heilig!

Kerkermeister.

Sagt, wie ist Euch?

Raymund.

Dir,
Dir zürn' ich nicht.

Kerkermeister
(für sich).

So hätte meine Ahnung
Doch nicht getäuscht mich! — O gerechter Gott!

Raymund
(dringend).

Den letzten Wunsch wirst du mir nicht versagen,
— Ruf' mir die Gräfin, bring' mir meinen Knaben!
Das kannst, — das darfst du jetzt! O, eile, eile,
Daß ich noch einmal an mein Herz sie drücke,
Und nicht so ganz allein, — so ganz verlassen
In diesem Kerker sterbe!
(In diesem Augenblick ertönt draußen ein starker Trompetenstoß; man hört Lärm
von Stimmen und Schwertern.)

Raymund
(freudig aufhorchend.)

Hör' ich recht?
Trompetenruf? —

Kerkermeister.

Und Schwertgeklirr! — Was soll —

Raymund.

Das klingt wie Sieg!
(Die Thüre wird aufgesprengt und ein heller Sonnenstrahl fällt auf Raymunds
Lager. Herein dringen Foix, Burgund, gefolgt von einer Anzahl Ritter, deren einer
eine Fahne trägt, und einigen Bürgern. Sie eilen siegesfreudig auf Raymund zu,
der sich höher aufgerichtet hat und wie ein Träumender darein sieht.)

Dritter Auftritt.

Vorige. Foix. Burgund. Ritter. Bürger.

Foix
(mit ausgebreiteten Armen).

Die alten Freunde kommen,
Und bringen Freiheit dir!
(Zu einigen der Umstehenden.)
Nehmt ihm die Fesseln!
(Es geschieht.)

Raymund
(auf den Kerkermeister gestützt, sich erhebend).

Mein Foix, du, mein Vetter, und Burgund,
Die ich im Feindeslager erst gesehen,
Was ist geschehen? Sprecht!

Foix.

Wir haben uns
Von Montfort losgesagt, und — los von Rom.
Mit uns erheben sich in ihren Schlössern rings
Die Fürsten! Auch die Städte und die Bauern,
Auf's Neue stehen auf sie! Alles Land,
Von der Garonne bis zum blauen Meer,
Von den Sevennen bis zu Spaniens Bergen
Ist in Empörung! Auch von Arragon
Der König rufet seine Ritter auf
Zum Kampfe für dein Recht und für das unsre!
Drum eile, komm', ergreif' der Freiheit Fahne
Stell' dich an unsre Spitze!

Burgund.

Laß auf's neu uns
Den alten Freundesbund besiegeln! Laß uns
Nicht ruhen, bis die Länderräuber alle
Hinter die Alpen wir zurückgeworfen!

Raymund.
O, das ist Sonnenstrahl in meine Nacht!
O, habet Dank! — Jetzt will ich gerne sterben!

Foix
(der jetzt erst Raymund aufmerksam beobachtet).
Was sprichst du, Freund? — Du wankst? —

Raymund.
Ihr kommt zu spät —
Der Alte wird's Euch sagen. —

Burgund.
Was?

Kerkermeister
(der Sprache kaum mächtig).
Sie haben —

Foix
(drängend).
Was haben sie?

Kerkermeister
(mit tonloser Stimme).
Sie haben ihn vergiftet.

Foix
(indem er den Kerkermeister am Halse packt, zugleich mit Burgund).
Vergiftet! — Wer? — Vergiftet!

Raymund
(auf den Kerkermeister deutend).
Der ist schuldlos.

Foix.
So eilet, — helft! —

Raymund.
Mir könnt Ihr nimmer helfen.

Foix
(Raymund umfassend).
Vergiftet! — O die Memmen!

Raymund
(zu Foix).

Dir, mein Freund, —
Empfehle ich mein Weib und meinen Knaben!
Laß mir sie rufen, mich verlangt nach ihnen.
(Auf Foix' Wink entfernt sich ein Ritter.)
Nimm sie in deinen Schutz, — ich flehe dich, —
Sei meinem Kinde Vater! —
Kurz nur war
Der Sonnentag, den ich an ihrer Seite
Dahingelebt, — kurz und voll schwerer Stürme,
Und doch so schön, — so unaussprechlich schön!
Zieh' mir den Knaben auf zum Mann, — zum guten
Menschen! O lehr' ihn früh ertragen und
Entsagen.
Kampf ist als Leben, — und
Nicht einem Jeden von uns ist vergönnt,
Des Kampfes Preis zu schauen. Doch der Sieg
Des Guten ist gewiß, wenn auch erst spät,
Und erst nach blut'gen Opfern.
(Einen Schritt vortretend, mit verklärtem, prophetischem Blick.)
Darum Muth!
Mir schwillt die Seele. — Vor dem Geist steht mir
Das Kommende! — Noch ist es Nacht, doch schon —
Im fernen Osten röthet sich der Himmel, —
Und heller wird's, — wie Feuergarben schießt's
Empor, — und Glocken hör' ich, Morgenglocken
Aus allen Thälern klingen! — Horch! — Schaut hin!
Die letzten Nebel fallen, — auf thut sich
Der Himmel, — und wie hohe Götter schreiten —
So tritt hervor im goldnen Purpurmantel
Die Siegerin, die Sonne, — ihren Fuß
Gesetzet auf den Kopf der schwarzen Nacht,
Die überwunden sich am Boden windet!
Das ist die Zeit, nach der wir uns gesehnt,
Das ist die Zukunft, der durch Blut und Tod
Entgegengeht die Menschheit!
(Mit erhobener Stimme:)

Seid gegrüßt,
Gegrüßt, ihr Glücklichen! — Euch strahlt und lacht
Ein neuer Himmel, — eine neue Erde! —
Gesühnt ist Alles dann, — gesühnt, — versöhnt, —
Verklärt in Liebe! — Dann ist's — aus mit — Rom,
Aus mit dem Pfaffenthum! — Dann gilt allein
Das Herz, — das edle Herz, — der Mann — der Mensch!
(Er wankt und wird von Foix und Burgund gehalten.)
O große Zeit, — ich hab' dich nicht erlebt, —
Doch dieser — Strahl von dir — in meiner Brust —
Wie macht er süß — das Sterben!
(Er rafft sich noch einmal auf.)
       Freunde, gebt
Die Fahne mir, — und folget — ohne Wanken, —
Die Nachwelt — die gerechte — wird uns danken!
(Er bricht todt zusammen; die Fahne wird über ihn gesenkt; Alle in tiefster Bewegung. In diesem Augenblick eilt die Gräfin, den Knaben an der Hand, herbei und wirft sich, als sie den Todten erblickt, im Schmerz der Verzweiflung über ihn.)

Gräfin.
Zu spät! Zu spät!

Burgund
(zur Gräfin, indem er zugleich mit Foix den Todten in seinen Armen hält).
     Es brach ein großes Herz,
Und schwer zu sagen ist, wer mehr verliert,
Ihr oder wir. — Ergebt Euch, Gräfin, in
Das, was der Himmel schickt! — Euch bleibt sein Knabe —

Foix
(steht auf, tritt einen Schritt vor und hebt seine Hand gen Himmel).
Und uns sein Muth! Drum bei des Todten Haupt
Thun wir den Schwur: Was hoffend er begann,
Mit seinem Leben ist nicht zerronnen,
Wir kämpfen fort, wir Alle Mann an Mann,
Bis wir den Sieg, den ganzen Sieg gewonnen!
(Alle haben schwörend die Schwerter erhoben; große Gruppe. Der Vorhang fällt.)

E n d e.

Druckfehler.

Seite 74 und 81 muß bei der Personen-Angabe der Name „Toulouse" gestrichen werden.

Seite 102, Zeile 16 von oben lies: „Kampf ist alles Leben".

Seite 103, Zeile 5 von unten lies: „Mit seinem Leben ist es nicht zerronnen".